O. F. von Möllendorff

Die Landschnecken-Fauna der Insel Cebu

O. F. von Möllendorff

Die Landschnecken-Fauna der Insel Cebu

ISBN/EAN: 9783743314719

Hergestellt in Europa, USA, Kanada, Australien, Japan

Cover: Foto ©Andreas Hilbeck / pixelio.de

Manufactured and distributed by brebook publishing software (www.brebook.com)

O. F. von Möllendorff

Die Landschnecken-Fauna der Insel Cebu

ÜBERSICHTLICHE DARSTELLUNG

DER

GEOLOGISCH-PALAEONTOLOGISCHEN VERHÄLTNISSE SÜD-AFRIKAS.

I. THEIL.

DIE KAROO-FORMATION UND DIE DIESELBE UNTERLAGERNDEN SCHICHTEN.

VON

Dr. OTTOKAR FEISTMANTEL,

k. k. o. ö. Professor an der Böhm. Technischen Hochschule, ordentliches Mitglied der königl. Böhm. Gesellschaft der Wissenschaften in Prag.

MIT 4 TAFELN.

(Abhandlungen der königlichen böhmischen Gesellschaft der Wissenschaften. — VII. Folge. 3. Band.)

(Mathematisch-naturwissenschaftliche Classe Nr. 6.)

PRAG.

Verlag der königl. böhm. Gesellschaft der Wissenschaften. — Druck von Dr. Ed. Grégr.

1889.

VORWORT.

Voriges Jahr (1888), erhielt ich von Dr. A. Schenck in Berlin, der selbst drei Jahre in S.-Afrika gewesen ist, einen Brief, worin mir der genannte Herr mittheilte, dass er aus den Stormbergbeds in der Kap-Kolonie fossile Pflanzen mitgebracht habe und worin er auch anfrug, ob ich nicht geneigt wäre, selbe zu bestimmen und eventuell zu beschreiben. Bei dem Umstande, dass über die fossilen Pflanzen der Stormbergbeds bis jetzt nur einzelne Andeutungen bekannt waren, nahm ich den Antrag des Herrn Dr. A. Schenck mit Dank an und erhielt die genannten Pflanzenpetrefakte von ihm zur Benützung zugeschickt. Es war eine ziemlich reichhaltige Suite im Ganzen gut erhaltener Pflanzen; selbe waren mit genauer Angabe der Lokalität und des Horizontes versehen und sie lieferten die Abbildungen auf den ersten drei Tafeln dieser Arbeit.

Im Laufe der betreffenden Untersuchungen stellte es sich heraus, dass es nothwendig sei, auch die übrigen pflanzenführenden Gruppen Süd-Afrikas näher zu studieren, um das gegenseitige Verhältniss der einzelnen Schichten und ihrer Petrefakte etwas eingehender kennen zu lernen.

Da mir aber Manches in dieser Beziehung, selbst in der mir hier zugänglichen Literatur unklar blieb, entschloss ich mich, mir an kompetenter Stelle Aufklärung und eventuell auch Leihung von diesbezüglichen Petrefakten zu erbitten.

Vorerst handelte es sich um Sicherstellung von gewissen interessanten Petrefakten, die Herr A. Moulle aus den Kimberley-Schichten bei Kimberley gesammelt hatte. Ich schrieb in dieser Beziehung nach Paris an Herrn R. Zeiller (von der Ecole Nationale Supérieure des Mines), und erhielt von ihm nicht nur die gewünschte Aufklärung, sondern auch Gypsabgüsse und eine Photographie der betreffenden Petrefakte, die er mit Erlaubniss des Herrn B. Renault für mich gütigst anfertigte. Auf eine Anfrage meinerseits, ob ich diese Exemplare in meiner Abhandlung abbilden darf, erhielt ich in einem Briefe, ddo. Paris 13 juillet, folgenden Bescheid:

„Il est bien entendu que vous pouvez figurer les échantillons dont je vous ai envoyé les moulages, M. B. Renault, qui m'a communiqué les échantillons originaux n'y fait aucune objection." —

Ebenso bereitwillig gab mir Herr R. Zeiller einige Erklärungen betreffend das Vorkommen von Kohlenschichten (Carbon) bei Tete am Zambesi.

Die erwähnten Exemplare sind auf Tafel IV. abgebildet.

Ausserdem wandte ich mich nach London, und zwar an meinen gewesenen Vorgesetzten und Collegen an der „Geological Survey of India" in Kalkutta, Herrn W. T. Blanford, den Präsidenten der Goological Society, London, vorerst um seine Meinung betreffend einige unklare Stellen, fügte aber zugleich auch die Bitte bei, ob es nicht möglich wäre, einzelne der südafrikanischen Pflanzenpetrefakte aus den Sammlungen der Geological Society zur Vergleichung geliehen zu bekommen.

Herr W. T. Blanford hat mit gewohnter Bereitwilligkeit meine Bitte erfüllt, und hat mir nicht nur seine Meinung betreffend einzelne Punkte mitgetheilt, sondern hat auch noch weitere Schritte unternommen, um meinen Wünschen soviel als möglich nachzukommen.

Er hat mir vorerst einige Beiträge zur Geologie und Gliederung der Schichten in Süd-Afrika von Herrn Prof. Thom. Rupert Jones, die aus der neuesten Zeit stammen, und mir wohl unbekannt geblieben wären, verschafft, und gütigst zur Durchsicht zugeschickt.

Ebenso hat er beim Council der Geological Society die Ermächtigung erwirkt, alle solche Pflanzenpetrefakte an mich abzuschicken, die mir bei der Vergleichung oder zur Beschreibung von Nutzen sein könnten. Ich glaube es wird nicht ohne Interesse sein die diesbezüglichen Stellen hier zu reproducieren. In seinem Briefe ddo. 29. Juni schreibt er:

„First of all I wrote to Prof. T. Rupert Jones, who has for many years studied the S. African beds and is better informed on the subject than any other geologist here. He has sent me a list of the collections in the British Museum and a copy of the last paper on the subject published by him in the Mining Journal." —

„I told You in the postcard I sent, that Professor T. Rupert Jones is now convinced that the carboniferous plants sent by D. George Grey and supposed to have come from the Stormberg were from some other locality and probably from England or America." —

Diess ist eine Mitheilung von besonderer Wichtigkeit, zu der ich im Weiteren nochmals zurückkehren werde. — Weiter sagt er:

„Now I have obtained authority from the Council of the Geological Society to send over any specimens You need for examination and description."

„I will help You to the best of my powers and I hope You will do as much to clear up the S. African plants as You have already done with the Indian and Australian."

Ebenso erhielt ich später noch zwei andere Briefe mit ähnlich interessanten Mittheilungen.

Die Suiten von südafrikanischen fossilen Pflanzen, die mir von der „Geological Society" auf Intervention des Präsidenten, Herrn W. T. Blanford zur Vergleichung überlassen wurden, hat derselbe selbst, mit Herrn Wm. Rupert Jones, Assistenten im Museum der Geologl. Society zusammengestellt, und kamen selbe in zwei Sendungen an, von denen die zweite von einem Briefe des Herrn W. S. Dallas von der Geological Society, datiert 2. August, begleitet war, dem auch ein Verzeichniss über die in beiden Sendungen enthaltenen Exemplare beigegeben war.

Die eingeschickten Pflanzenpetrefakte stammten aus den verschiedenen Abtheilungen der **Karooformation** mit Einschluss der **Uitenhageschichten** und sind an gebührender Stelle berücksichtiget worden.

Namentlich waren die Exemplare aus der letzteren Formation so zahlreich und interessant, dass ich mich bewogen fand, die Beschreibung derselben für eine zweite Abhandlung aufzusparen.

Es ist mithin meine angenehme Pflicht den Herren:

Dr. A. Schenck in Berlin,
R. Zeiller und B. Renault in Paris,
W. T. Blanford, Präsident der Geological Society, London,
Prof. T. Rupert Jones in London und
Wm. Rupert Jones, Assistent im Museum der Geological Society in London,
W. S. Dallas, von demselben Institute,

sowie dem „Council of the Geological Society, London", meinen innigstgefühlten Dank für das gütige Entgegenkommen öffentlich auszusprechen.

Ich möchte nur noch einige Worte über meinen Standpunkt, den ich bei der gegenwärtigen Arbeit einnehme, hinzufügen.

Es ist mir vor allem anderen um die objektive Darstellung alles dessen, was heute über die Lagerung und Petrefaktenführung, namentlich der Karooformation*) in S. Afrika bekannt ist, zu thun gewesen, damit das hier zusammengetragene Material, dann zu weiteren Vergleichungen mit ähnlichen Ablagerungen in Indien, Australien und anderen Ländern benützt werden könnte.

Die Schlüsse, die ich mir auf Grund meiner Darstellungen zu ziehen erlaubt habe, sind solche, wie ich selbe am besten mit den mir zugänglichen und zu Gebote stehenden Beobachtungen in Einklang bringen zu können glaubte; übrigens aber möchte ich selbe stets nur als meine eigenen betrachtet wissen, und bin zu Modifikationen derselben, auf Grund richtigerer Beobachtungen und verbürgter Thatsachen, von welcher Seite dieselben immer kommen mögen, gern bereit.

Die weiter zu beschreibende Schichtenfolge der Karooformation, vom **Dwyka-Conglomerat** angefangen bis in die **Uitenhagenformation**, entspricht ziemlich genau einer solchen, wie wir selbe bei einem ähnlichen Schichtencomplex in Indien, den ich (1876) mit dem Namen „Gondwâna-System" bezeichnet habe, kennen.

Das grosse Interesse, welches die Verhältnisse dieses „Gondwâna-Systems" in Indien, dessen Vertreter wir überdiess auch in Australien, Tasmanien und anderorts antreffen, bieten, namentlich der Umstand, dass in den tiefsten fossilführenden Schichten desselben, die wohl dem **Perm** entsprechen, eine Flora sich verfindet, welche **mesozoischen** Habitus zeigt, in Australien und Tasmanien überdiess schon in **karbonischen** Schichten ihre Repraesentanten hat, erklärt es, dass das Gondwâna-System, in letzter Zeit besonders, die allgemeine Aufmerksamkeit der Geologen und Palaeontologen auf sich lenkte. Und so kommt es, dass in letzter Zeit eine ganze Reihe von Allgemeindarstellungen und Notizen,

---

*) Zu lesen: Karû-Formation.

die auf die Verhältnisse des Gondwána-System und seiner Aequivalente Bezug haben veröffentlicht wurde, darunter aber vielfach von Autoren, die weder irgend ein typisches Terrain dieses Schichtencomplexes gesehen haben, noch hinreichendes palaeontologisches Material untersuchen konnten. So geschieht es denn, dass sich in einzelnen dieser Abhandlungen manche nicht immer ganz richtige Auffassungen und Darstellungen eingeschlichen haben, die zur Richtigstellung auffordern.

Ich war in der Lage, nicht nur den grössten Theil der indischen Gondwána-Ablagerungen, in Bengalen und den Central-Provinzen persönlich zu untersuchen, sondern hatte auch die ganzen ansgedehnten Sammlungen Indischer Gondwána-Pflanzen in Kalkutta selbst beschrieben und abgebildet. Ebenso hatte ich eine reichhaltige Sammlung australischer Pflanzen, und jetzt wieder solcher aus Süd-Afrika zur Untersuchung eingeschickt bekommen. Dadurch erklärt es sich vielleicht, dass ich hie und da Ansichten zu vertreten mir erlaube, die nicht ganz im Einklange stehen mit solchen anderer Autoren, namentlich mit Bezug auf Correlation und Altersstellung einzelner Schichten.

Auf Grund des Studiums der fossilen Pflanzen allein habe ich ursprünglich, in ganz selbständiger Weise, das ganze Gondwána-System in Indien als mesozoisch angesehen, und dahin auch die Karooformation in S.-Afrika, sowie die Newcastlebeds (und die Schichten darüber) in N. S. Wales, und andere Schichten, gestellt.

Als aber 1885 Herr R. D. Oldham[*]) seine interessante Beobachtung in N. S. Wales gemacht hatte, nämlich, dass sich in den oberen marinen Schichten unter den Newcastlebeds bekrazte und geglättete Geschiebe vorfinden, woraus auf einen glacialen Ursprung dieser Geschiebe zu schliessen wäre, habe ich in Folge der daraus zu ziehenden Folgerungen bereitwillig meine Ansicht dem gemäss modificiert. Durch die obige Beobachtung hat es sich nämlich als natürlich erwiesen, dass die oberen marinen Schichten in N. S. Wales, das Bacchus Marsch-Conglomerat in Victoria, das Táltschir-Conglomerat in Indien und das Dwyka-Conglomerat in S. Afrika untereinander zu parallelisieren sein werden und wohl in dieselbe oder annähernd dieselbe Bildungsepoche fallen; die oberen marinen Schichten in N. S. Wales (unter den Newcastlebeds) offenbaren sich aber, den Versteinerungen (marine Thierreste) gemäss, als oberkarbonisch, und werden daher die übrigen Conglomerate auch in diese Epoche zu setzen sein.

Die unmittelbar darüber liegenden pflanzenführenden Schichten nahm ich dann als Repräsentanten des Perm an.

Dagegen glaubte ich genug Gründe zu haben, um den Damuda-Schichten in Indien eine höhere Stellung anzuweisen, sowohl in Folge ihrer Lagerung als auch in Folge ihrer Flora (mit Rücksicht auf die Táltschir-Karharbári Schichten in Indien) und glaubte diess am Besten dadurch ausdrücken zu können, dass ich sie als mittlere Abtheilung des Gondwána-Systems hinstellte, zusammen mit den Pantschet-Schichten.

Ich glaube, im Verlaufe der vorliegenden Arbeit wird sich zur Genüge herausstellen, dass die Damuda-Schichten (inclusive Pantschets) mit den Beanfortbeds in S.-Afrika

---

[*]) Memorandum on the correlation of the Indian and Australian coalbearing beds. Rec. Geologl. Survey of India. Vol. XIX. Pt. 1, pp. 39—47. 1886.

zu vergleichen und zu parallelisieren sind, wodurch sich nicht nur die Richtigkeit der von mir den Damuda-Schichten in Indien angewiesenen höheren Stellung, sondern auch der von mir vorgeschlagenen Einreihung derselben als „mittlere Abtheilung des Gondwána-Systems" hinreichend klarstellen wird, da ja die Beaufort-Schichten in Süd-Afrika auch, getrennt von den Ekka-Schichten, als eine mittlere Abtheilung der Karooformation zu betrachten sind, und auch als solche betrachtet werden.

Ich stelle aber diese Eintheilung abermals als meine eigene hin, ohne natürlich ihre unumstössliche und unfehlbare Richtigkeit zu behaupten und ich kann natürlich nicht verhindern, dass vielleicht andere Autoren eine abweichende Meinung darüber zu haben sich vorbehalten; gross aber können die Meinungsdifferenzen unter keiner Bedingung sein, und kann wohl eine Verschiedenheit der Ansichten betreffs der zeitlichen Einreihung der einen oder anderen Schichtengruppe von keinem Einflusse auf den sachlichen Theil der Darstellung, sowie auf den palaeontologischen Theil, auf die Darstellung der geographischen Verbreitung der Pflanzen, auf ihre geologische Vertheilung, auf die sich daraus ergebenden interessanten biologischen Verhältnisse u. s. w. sein.

Bei der nun folgenden Darstellung bespreche ich vorerst die einschlägige Literatur, dann die stratigraphischen Verhältnisse der einzelnen Schichtengruppen, sowie ihre palaeontologischen Verhältnisse, indem ich, bei einzelnen wenigstens die aus ihnen bekannten Petrefakte so vollständig als möglich, anführe; grosses Interesse bieten jedenfalls die Petrefakte aus den Ekka-Kimberley-Schichten; die Arten aus den Beaufortbeds habe ich einigermassen anders einreihen müssen, auch konnte ich, auf Grund der Exemplare der Geological Society, ihre Artenzahl vermehren; die fossilen Pflanzen der Stormbergschichten erscheinen zahlreicher und eingehender behandelt, als es bisher irgendwo geschehen ist.

Sollte aber meine Arbeit, trotz des besten Willens in mancher Beziehung vielleicht doch mangelhaft geblieben sein, so kann ich zu meiner Entschuldigung nur den Umstand anführen, dass es bei uns sehr schwer fällt, die nöthige Literatur stets vollständig zusammenzubringen, da besonders die auf S.-Afrika, Australien und Tasmanien etc. sich beziehenden Fachpublikationen nur mangelhaft oder gar nicht vertreten sind.

Es war meine Absicht in diesem Hefte auch schon die Verhältnisse der Uitenhageformation eingehend zu behandeln; doch erwies sich das von der Geologl. Society, London, mir zur Verfügung gestellte Material so umfangreich, dass ich es als zweckmässiger erachte, dieser Formation eine separate Abhandlung zu widmen, die etwas später erscheinen wird.

Prag, Oktober 1889.

Prof. Dr. **Ottokar Feistmantel.**

Literatur.

Bevor ich zu den Detaildarstellungen übergehe, will ich vorerst die wichtigste auf die Geologie und Palaeontologie Süd-Afrikas sich beziehende Literatur, die ich konsultierte, und die, meiner Ansicht nach, das nöthige Material zur Erkenntniss der Verhältnisse bietet, anführen; damit will ich natürlich nicht behaupten, dass selbe irgend wie vollständig aufgezählt ist; aber viele der angeführten Werke enthalten wieder weitere Literaturangaben, die von dort vervollständigt werden können. Mit Bezug auf die Wirbelthierreste der Karooformation (auch manchmal Karroo oder Karú) habe ich besonders nur Owen's Katalog angeführt, weil derselbe jedenfalls den Haupttheil dieser Thierreste aufzählt.

Die Literatur ist chronologisch und innerhalb der einzelnen Jahre alphabetisch angeführt.

1826—41. **Goldfuss** A.: *Petrefacta Germaniae.*
    Enthält Abbildungen einzelner Versteinerungen aus Süd-Afrika z. B. der *Astarte Herzogi* Krauss (als *Cytherea Herzogi* Hausm.) und der *Trigonia Herzogi* Hausm. (als *Lyrodon*).

1837. **Hausmann**, J. F. L.: *Beiträge zur Kunde der geognostischen Constitution von Süd-Afrika.* — In: Göttingische gelehrte Anzeigen 1837, pp. 1449—1462.
    Enthält auch verschiedene Petrefakte der jetzigen Uitenhageformation.

1845. **Strzelecki**, Count de: *Physikal Description of N. S. Wales and Van Diemen's Land.* 8°. 1845.
    Darin findet sich die erste Beschreibung von *Thinnfeldia odontopteroides*, als *Pecopteris*, und von *Podozamites elongatus* als *Zeugophyllites*, von Morris; doch wird diese Flora, zusammen mit jener von Newcastel als karbonisch geschildert, was für keine von beiden richtig ist. Leider wird auch noch heute, wohl auf Grund dieser Angaben, auch aus Tasmanien eine Karbonflora citiert (vergl. z. B. Neumayr: Erdgeschichte II, p. 173). Mit Bezug auf die geologischen Darstellungen, speciell in Bezug auf Tasmanien, ist das Werk nur mehr von historischem Werthe.

1850. **Krauss** Dr. F.: *Über einige Petrefakte aus der unteren Kreide des Kaplandes* — In: Nova Acta Acad. Caes. Leop. Car. Nat.-Cur. Vol. XXII. P. II, pp. 439—464. 4 Tafeln.
    Geologische Schichtenfolge, Beschreibung und Abbildung von Petrefakten aus dem Distrikte von Uitenhage.

1852. **Bain, Andrew Geddes:** *On the Geology of S. Africa.* — In: Transact. of the Geolog. Society, London; Vol. VII, 2 d. ser. pp. 175—233.
Mit Beiträgen von *D. Sharpe* (Secondary fossils); von *D. Sharpe* and *J. W. Salter* (Palaeozoic fossils); Sir P. de *M. Grey Egerton* (Fishes) und Dr. *J. D. Hooker* (Plants.). — Mit Tafeln XX—XXVIII; darunter eine geolog. Karte, geolog. Durchschnitte und Versteinerungen.
Ist überhaupt das grundlegende Werk für die Geologie und Palaeontologie Süd-Afrikas, wenn auch einzelne Ansichten seither Berichtigungen erfahren haben.

1855. **Sutherland Dr. P. C.:** *Notes on the Geology of Natal in S. Africa.* — In: Qu. Journ Geologl. Soc. of London; Vol. II, p. 465 et sequ.
Erwähnt Blattabdrücke und Reptilienreste aus den kohlenführenden Schichten Natals.

1858. **Wyley (Andrew):** *Notes on a Journey in two Directions across the Colony,* 1857—1858. Cape Town 1858.
Vergl. Tate, 1867 (Quart. Journ.-Geolog. Soc. XXIII, pp. 171—173).
Entwickelt Ansichten über die Stellung der einzelnen Schichtengruppen in Süd-Afrika, die grossen Theils unhaltbar sind; beispielsweise erwähne ich nur die Einreihung des *Enonconglomerates* der *Uitenhageformation* beim *New-Red Sandstone*, und der *Stormbergschichten* mit den *Beaufortbeds* bei den *Coalmeasures* etc.

1859. **Rubidge Dr. R. M.:** *On some points in the Geology of S.-Africa.* — In: Qu. Journ. Geolog. Soc. London. XV. pp. 195—198.
Erwähnt *Glossopteris* aus den *Karoobeds* bei Bloemkop und andere Fossilien.

— **Stow C. W.:** *On Rhenosterberg Fossils.* — In: Quart. Journ. Geolog. Soc. London. XV. pp. 193—195. — *Dicynodon.*

1867. **Tate, Ralph.:** *On some Secondary fossils from South-Africa* — In: Qu. Journ G. Soc. Vol. XXIII (1867). pp. 139—175. Pl. V—IX. Mit Beiträgen von Prof. T. Rupert Jones.
Enthält eine Beschreibung und Abbildung der Pflanzen aus den *Karoobeds* (Beaufortbeds); Gliederung der *Karoobeds*; eine Beschreibung von Pflanzen und Thierresten aus der *Uitenhage-Formation*, nebst Abbildungen; Gliederung der Schichten u. a. w. — Die *Uitenhage-Formation* ist als Oolith bezeichnet, was jedoch jetzt modificiert ist. Die *Beaufort-Schichten* sind als *Trias* eingereiht.

1870. **Sutherland, Dr.:** *Notes on an ancient Boulder clay of Natal.* — In: Qu. Journ. Geol. Soc. London. XXVI. pp. 514—517.
Spricht zuerst die Ansicht aus, dass gewisse Blockanhäufungen in Natal durch Eisthätigkeit zusammengebracht wurden; diese übergehen in Schiefer (wohl Pietermaritzburgschiefer); er betrachtet beide als *permisch*.

1871. **Grey, George, M. D.:** *Remarks on some specimens from S.-Afrika.* — In: Qu. J. Geolog. Soc. London. Vol. XXVII. 1871. pp. 49—51.
Enthält Mittheilungen über *Kohlenpflanzen* aus den *Stormbergen* und von *Lower Albany*. — Betreffs der ersteren Lokalität herrschte lange Zeit begründete Unsicherheit, denn in den *Stormbergen* ist von einer alten Kohlenformation überhaupt nichts bekannt. Neueren Ansichten von Prof. T. Rup. *Jones* zufolge dürften besagte Pflanzen von einer anderen Lokalität, wahrscheinlich von Europa oder Amerika, stammen.

1871. **Griesbach, C. L.**: *On the Geology of Natal in S.-Africa.* — In: Qu. Journ. Geolog. Soc. London. Vol. XXVII, pp. 53—72. Pl. II. (Map and sections); Pl. III. (fossils).

Enthält eine gute Besprechung der Karoobeds, eine gute Charakteristik des „Boulderbed", mit typischer Illustration, und Beschreibungen und Abbildungen von Kreidepetrefakten. Die Karoformation wird als *triasisch* angesehen.

— **Stow, George William**: *On some Points in South-African Geology.* — In: Qu. Journ. Geolog. Soc. XXVII, pp. 497—548.

Von Interesse sind besonders die Durchschnitte durch die Schichten der *Uitenhage-Formation* (nach Stow Jurassisch) am Zwart-Kop und Sunday Flusse — (*Trigoniabeds*).

1872. **Carruthers W.**: *Notes on Fossil Plants from Queensland.* — In: Qu. Journ. Geolog. Soc. London. XXVIII, pp. 350—356. 2 Tafeln.

Enthält Abbildungen von einzelnen auch in den *Stormbergschichten* S.-Afrikas vorkommenden Pflanzenresten.

1872—79. **Lycett, John**: *A Monograph of the British fossil Trigonias.* — In: The Palaeontographical Society, 1872, 1874, 1875, 1877, 1879.

Mehrere Südafrikanische Trigonien, als *Trig. conocardiiformis*, *Tr. Herzogi*, *Tr. ventricosa* werden darin erwähnt und auch theilweise abgebildet.

1874. **Stow G. W.**: *Geological Notes upon Griqua-Land West.* — In: Quart. Journ. of the Geolog. Society, London. Vol. XXX. (Dezember) pp. 581—680. Map and sections.

Scheidet besonders gewisse Schiefer aus, unter dem Namen *Olive-shales* (pp. 604 et sequ.) die wohl als Analogie der *Ekkaschichten*, besonders der oberen kohlenführenden Partie angesehen werden können.

1875. **Blanford H. F.**: *On the Age and correlation of the Plantbearing series of India and the former Existence of an Indooceanic Continent.* — In: Quart. Journ. Geol. Society. Vol. XXXI, pp. 519—542; eine Karte (Pl. XXV.).

1876. **Geinitz H. B.**: *Über rhätische Pflanzen- und Thierreste in den argentinischen Provinzen La Rioja, San Juan und Mendoza.* Cassel 1876.

Thinnfeldia crassinervis Gein. ist, wie jetzt angenommen, ident. mit *Thinnfeldia odontopteroides* Feistm. (Morr. sp.) aus den Stormbergbeds.

— **Owen, Prof. Richard**: *Descriptive and Illustrative Catalogue of fossil Reptilia of S.-Africa, in the Collections of the British Museum.* London, 1876.

Enthält die Anführung und Besprechung, sowie Abbildung der bis zu diesem Jahre bekannten, im Britisch. Museum sich befindlichen, *Reptilienreste* aus der *Karooformation*.

1878. **Dunn E. J.**: *Report on the Stormberg coalfield.* 4°. 36 Seiten. Capo Town. 1878. — Auszug in: Geolog. Magazine, Dezember 1879. p. 551.

Gliederung der Stormberg-Schichten. Erwähnt Pflanzenabdrücke.

1879. **Campbell J. F.**: *Glacial Periods.* — In: Qu. Journ. Geolog. Soc. London. XXXV. pp. 98 ect.

Spricht sich gegen ausgedehnte glaciale Perioden aus.

— **Dunn E. J.**: *Report on the Camdeboo and Nieuweldt Coal, Cape of Good Hope.* Cape Town. 4°. 24 Seiten. Mit Karte und Durchschnitten. Auszug in: Geol. Magazine, 1879. December. p. 553.

Zwischen Graaf Reynet und Beaufort West lagern *Karoo-Schichten*, diskordant*) auf *Ekkaschichten*. In diesen letzteren kommt *Glossopteris* und *Calamites* (?) vor.

1880. **Ramsay** A. Cr.: *On the Recurrence of certain Phenomena in Geological Times*. Address, British Association 1880.
Wiederholung glacialer Erscheinungen in verschiedenen geologischen Perioden. pp 17—20.

1881. **Neumayr** Dr. M.: *Über einige Fossilien aus der Uitenhageformation*. — In: Denkschriften der K. Akademie der Wissenschaften. Wien. 1881. Mathem. Naturw. Klasse. Bd. 44. Seiten 267—276. 2 Tafeln.

1883. **Lapierre** E.: *Note sur le Bassin houiller de Tete* (Région du Zambèze). — In: Annales des Mines etc. Paris. 1883. 8ème série. Mémoires. Tome IV. pp. 585—593. Pl. XIX.
Geologische Beschreibung der Kohlenablagerungen in der Umgebung von Tete am Zambesi. — Zwischen Morumbala und Lupata sind die Kohlenschichten von anderen, höheren (*Perm* oder *Trias*) überlagert.

— **Zeiller** R.: *Note sur la Flore du Bassin houiller de Tete* (Région du Zambèze). — In: Annales des Mines etc. 8ème série. Mémoires. Tome IV. pp. 594—508.
Die Pflanzenreste erweisen sich als von *oberkarbonischem* Alter.

— **Green**, Prof. A. H.: *Report on the Coals of the Cape Colony*. 1883.
Führt den Namen „*Kimberley-shales*" für Stow's „Oliveshales" in Griqua-Land West ein.

1883—85. **Suess**, Prof. Ed.: *Das Antlitz der Erde*. I. Band. VI. Abtheilung. Süd-Afrika Seiten 500—516.
Eine übersichtliche Darstellung der geolog. Verhältnisse von Süd-Afrika nach der bis zum obigen Datum zugänglichen Literatur (Seiten 539—541). Es sind *archäische* und *palaeozoische* Schichten (Devon und Carbon); *Karooformation* reicht vom *Perm* in die *Trias* etc. (Doch ist wohl auch die Uitenhage Formation einzuschliessen).

1884. **Blanford** W. T. *Presidential Address, Section C: Geology*; *Homotaxis as illustrated in India*. In: Report of the British Association, Montreal Meeting 1884. pp. 691—711. Reprinted in Records Geologl. Survey of India Vol. XVIII. pt. 1. (1885).

— **Jones** T. Rupert, Prof.: *On the Geology of S. Afrika*. Read at the British Association Meeting at Montreal, 1884. — Report Br. Assoc. 1884 pp. 736—738. Auszug in: Geologl. Magazine, October 1884. pp. 476—478.
Aufeinanderfolge der Schichten in Süd-Afrika. Die *Karooformation*, von den *Ekkabeds* hinauf, *triasisch*.

— **Owen**, Sir Richard: *On the Skull and Dentition of a Triassic Mamal* (Tritylodon longaevus Ow.), *from S. Africa*. In: Quart. Journ. Geologl. Society, London, Vol. 40. pp. 146—152. Pl. VI.
Ein interessanter Säugethierrest aus den *Stormbergschichten* Süd-Afrika's.

---
*) Eine Ansicht, die später entschieden in Abrede gestellt wird.

1884 **Owen**, Sir Richard: *On a Labyrinthodont Amphibian* (Rhytidosteus capensis Ow.) *from the Trias of the Orange Free State.* In: Quart. Journ. Geologl. Society, London, Vol. 40. pp. 333—339. Pl. XVI, XVII.

Ebenfalls aus den Stormbergschichten.

— **Penning** H.: *A Sketch of the High level Coalfields of S. Africa.* In: Quart. Journ. Geologl. Soc. London. Vol. 40. pp. 658—673.

Mit Kartenskizze und Durchschnitten.

1885. **Fritsch** Dr. Gustav: *Süd-Afrika bis zum Zambesi.* In: Das Wissen der Gegenwart. Bd. XXXIV.

Enthält eine ziemlich übersichtliche, wenn nicht überall ganz korrekte geologische Skizze Süd-Afrika's.

— **Moulle** M. A.: *Memoire sur la Géologie générale etc. de l'Afrique du Sud.* Mit Kartenskizze und Durchschnitten. In: Annales des Mines; Mars-Avril 1885. Paris 1885.

Giebt eine übersichtliche Darstellung der allgemeinen geologischen Verhältnisse der Kap-Kolonie, besonders aber der Diamantengruben. Theilt die *Karooformation* in eine *untere* (mit Boulderbed und Ekka-Schichten), eine *mittlere* (mit *Dicynodon* etc.) und eine *obere* (Stormberge etc.) — Von Kimberley erwähnt er *Gangamopteris* und *Noeggerathiopsis*, die ich weiter beschreibe.

Sieht die *Karooformation* als *Trias* an (l. c. p. 42, sowie auf der Karte und den Durchschnitten); doch ist diess wohl nur von der *mittleren Abtheilung* angefangen der Fall.

1886. **Blanford** W. T.: *On additional evidence of the Occurrence of Glacial Condition in the Palaeozoic Era and on the Geological Age of the beds containing Plants of mesozoic type in India and Australia.* In: Quart. Journ. Geologl. Soc. London. Vol. 42. pp. 249—260.

Enthält eine gute Zusammenstellung der auf die Entdeckung *glacialer Spuren* in bestimmten Schichten in Indien, Australien und Afrika bezüglichen Daten. Die auf Seite 249 gegebene Paralleltabelle, ist, glaube ich, nicht ganz richtig, denn das, was früher als *Koonap-Schichten* bezeichnet wurde, ist jetzt mit den *Kimberley-Schichten* (Ekkaschiefer, Olive Schiefer, Pietermaritzburg Schiefer) zu parallelisieren; diese müssen dann mit den *Karharbári*-Schichten in Indien und *Newcastlebeds* in Australien verglichen werden, während die *Damudas* mit den *Beaufortbeds* zu parallelisieren wären.

1886. **Dunn** E. J.: *A series of Geological and Mineralogical Specimens, collected for the Commission by E. J. Dunn.* — In: Catalogue of Exhibits, Cape of Good Hope. London. 1886.

Aufeinanderfolge der Schichten in Süd-Afrika.

— **Dunn** E. J.: *Report on a supposed extensive deposit of Coal underlying the central Districts of the Colony.* — Presented to both Houses of Parliament by Command of His Excellency the Governor. April 1886. Cape Town. Mit Karte.

Das *glaciale Conglomerat* auf der Nordseite der Karoo ist identisch mit dem *Dwykaconglomerat* im Süden; diess *Dwykaconglomerat* (glacial) wird dann speciell (Seiten 6—9) beschrieben; dann folgt auf Seiten 10—12 die Besprechung der *Blackshales*.

Mit Bezug auf die Lagerung der Schichten, heisst es Seite 5.:

„... in fact from the Dwykaconglomerate through the Lower Karoobeds the Upper Karoobeds and the Strombergbeds, including the capping of volcanic rock there appears to be no break or want of conformity whatever".

1886. **Jones**, T. Rupert, Prof.: *On the Coal Deposits of South-Africa.* — In: Mining Journal, December, 4. 1886.

Eine Zusammenstellung der Ansichten Prof. T. Rup. Jones über das Vorkommen von Kohle in Süd-Afrika. Auch darin werden Zweifel erhoben gegen das Vorkommen von Kohlenpflanzen in den Stormbergen.

— **North** F. W., *Geology of Natal.* — In: Natal Official Handbook. London. 1886. pp. 27 et sequ.

Bespricht die einzelnen Formationen, das eigenthümliche *Conglomerat*, als „Boulderclay of Natal" bekannt, und schreibt dann weiter:

„The next series is the Pietormaritzburg*) shale, into which the boulder clay insensibly passes and without any distinct line of demarcation; and on these shales is deposited the *triassic* formation (Karoo) containing the coalmeasures; these shales are in fact the lower portion of the *triassic formation* and beneath them no coal can be looked for".

— **Oldham** R. D.: *Memorandum on the Correlation of the Indian and Australien coal-bearing beds.* — In: Rec. Geolog. Survey of India. Vol. XIX, pp. 39—47.

Enthält die Mitheilung über Herrn *R. D. Oldham's* wichtige Entdeckung von Geschieben mit Spuren von Eisthätigkeit, in den oberen Marinen-Schichten, unter den Newcastlebeds, in N. S. Wales, Australien. Diese Entdeckung ist insofern von besonderer Wichtigkeit, als dadurch nachgewiesen ist, dass *nicht die Hawkesbury beds*, sondern die *Oberen Marinen Schichten*, mit dem *Bacchus- Marsch Conglomerat* in Victoria, mit dem *Táltschir-Conglomerat* in Indien und wohl auch mit dem *Dwyka-Conglomerat* in Süd-Afrika zu parallelisieren sind — alle genannten Schichten dürften dann von annähernd gleichem Alter sein und wohl das Ende der *Karbonzeit* repraesentieren; was darauf folgt ist *permisch* (Newcastlebeds, Táltschir Schiefer und Karharbári-Schichten, Ekka-Kimberley-Schichten etc.), *triasisch* (Damuda Schichten, Beanfortbeds) etc.

Herr C. S. *Wilkinson*, Governement Geologist in N. S. Wales, schreibt im Annual Report, Deptmt. of Mines, N. S. Wales, für das J. 1885, über diese Entdeckung, auf Seite 129 folgendermassen:

„In August (1885) Mr. R. D. Oldham, A. R. S. M. Deputy Superintendent of the Geological Survey of India, visited N. S. Wales for the purpose of ascertaining the relation of the coalmeasures to those of India and in examining the Upper Marine conglomerates, near Branxton, he succeeded in discovering some *icescratched* pebbles".

„The occurrence of glacial deposits in our Upper Marine series, in the Bacchus-Marshbeds of Victoria and in the Talchir series of India, together with the same plantremains in the two latter, points to the homotaxial relationship of these geographically widely separated formations".

---

*) Equivalent der Ekka- und Kimberley- Schiefer.

1887. **Cohen** Prof. E.: *Geognostisch petrographische Skizzen aus Süd-Afrika*. II. *Die Karooformation, nebst einigen Bemerkungen über das palaeozoische Gebiet im südlichen Caplands.* — In: Neues Jahrb. für Mineralogie, Geologie etc. Beilage Band V, 1887.

Eine sehr werthvolle Schrift mit Bezug auf die Geologie Süd-Afrika's. Zuerst werden die *palaeozoischen* Formationen der südl. Cap-Colonie besprochen (pp. 196—205). Darin sind unter anderen die Ansichten betreffs der Stellung des *Tafelbergsandsteines* ausführlich besprochen. Des Autor's Beobachtungen finden wir auf Seiten 204—205 zusammengefasst. Darnach wäre der *Tafelbergsandstein* postdevonisch, wahrscheinlich *carbonisch*. Vergl. Profil 4 auf Taf. VIII. — Nach Ablagerung des Tafelbergsandsteines fanden sehr wesentliche Niveauveränderungen statt und zwischen letzterem und den nächstfolgenden Formationen (Karoo) liegt eine bedeutende Diskordanz vor.

Dann folgt die Besprechung der *Karrooformation**) (pp. 205—267). *Cohen* theilt selbe ein in eine:

  a) Untere Abtheilung (pp. 205—210)
  b) Mittlere Abtheilung (pp. 210—205)
  c) Obere Abtheilung (pp. 266—267).

Zur unteren Abtheilung gehört das *Dwyka-Conglomerat*, dann die *Ekka-beds*, denen die *Pietermaritzburger Schiefer* in Natal aequivalent sind. Auf Seite 209 äussert sich *Cohen* folgendermassen:

„Sollte man in dem Dwyka-Conglomerat ein Aequivalent unseres Rothliegenden sehen können? Nimmt man für den Tafelbergsandstein carbonisches, für die Karrooformation triadisches Alter an, so legt die geologische Stellung die Frage jedenfalls nahe."

Die mittlere Abtheilung sind die *Beaufortbeds*, die obere dann die *Stormbergbeds*. — Es ist eine Eintheilung, mit der ich vollends übereinstimme.

— **David**, T. W. E.: *On Evidence of glacial action in the Carboniferous and Hawkesbury Series, N. S. Wales.* — In: Quart. Jour. Geologl. Society. Vol. 43 pp. 190—196.

Bespricht die Beobachtungen über *glaciale Geschiebe* in Schichten, Karbonischen Alters in Australien, besonders in den oberen Marinen-Schichten von N. S. Wales, denen dann das Dwyka-Conglomerat gleichzustellen wäre.

— **Feistmantel**, Dr. O.: *Über die Pflanzen- und kohlenführenden Schichten in Indien, (beziehungw. Asien) Afrika und Australien und darin vorkommende glaciale Erscheinungen.* — In: Sitzungsb. d. königl. böhmischen Gesellschaft der Wissenschaften Prag, 14. Januar, 14. October, 25. November 1887.

Darin unterschied ich in Süd-Afrika *Karbonische Schichten* mit Pflanzen (als oberkarbonisch); *Dwykaconglomerat* und *Ekka-Schichten* als Perm; *Beaufortbeds* als Trias, *Stormbergbeds* und Uitenhageformation als Jura.

— **Gürich**, Dr. G.: *Überblick über den geologischen Bau des Afrikanischen Continentes.* — In: Dr. Petermann's Mittheilungen. 33 Bd. 1887 pp. 257—265. Mit Übersichtskarte.

---

*) Dies ist Herrn *Cohen's* Schreibweise.

Auf Seiten 262—263 ist die Besprechung der *Karooformation*, die als Aequivalent der europäischen *Dyas* (Perm) und *Trias* aufgefasst wird (p. 263); ebenso ist diese Formation auf der Karte in dieser Weise dargestellt.

1887. **Neumayr**, Dr. M.: *Erdgeschichte.* II. Band: *Beschreibende Geologie.* Leipzig 1887. — Vergleiche besonders: Seiten 191—198, 207—212, 235—239 (Karooformation); 330, 333, 376 (Uitenhageformation).

Das Werk, das bis zum Jahre der Publikation alle wichtigen geologischen Beobachtungen und Thatsachen erörtert und wiedergiebt, ist an anderen Stellen hinreichend gewürdigt worden und ich glaube, es wird der Werth des Werkes nicht im geringsten geschmälert werden, wenn ich mir, einzig und allein in der Absicht, um weiteren Missverständnissen, mit Bezug auf gewisse sehr wichtige Thatsachen, vorzubeugen, einige kleine berichtigende Bemerkungen erlaube.

Prof. *Neumayr* bespricht am Ende des Kapitels über die Steinkohlenformation „*das Gebiet der Glossopteris-Flora*" (l. c. pp. 191—198). Ohne weiter auf die Details der Darstellung einzugehen, will ich nur hervorheben, dass diese Art der Behandlungsweise den Eindruck hervorbringt, *als wenn alle Schichten mit Glossopteris*, d. h. die ganze *Glossopteris-Flora, der Kohlenperiode* (dem Karbon) entsprechen würden. Dies ist aber bei weitem nicht der Fall. Denn schon Prof. Neumayr selbst führt bei der *Kohlenformation* aus Indien und Süd-Afrika gerade nur die an Pflanzenpetrefakten resp. *Glossopteris* ärmsten Schichten, die *Táltschir*- und *Ekkaschichten* beziehungsweise, an, während die von ihm auch dort angeführten *Newcastleschichten* von den australischen Geologen als permisch angesehen werden. Andere Schichten, die notorisch auch *Glossopteris* führen, und diess sehr zahlreich, nämlich die *Damuda-Schichten* in Indien, bezeichnet Prof. Neumayr als Aequivalente der europ. Permbildungen (l. c. p. 211) und die *Pantschet-Schichten*, die auch *Glossopteris* enthalten, werden als Vertreter der Trias angeführt (l. c. p. 235).

Aber *Glossopteris* hat noch eine weitere Verbreitung. In einer vorläufigen Mittheilung über Pflanzenpetrefakte aus Tasmanien (1888) habe ich mich entschieden gegen die Auffassung einer einheitlichen und einzeitigen *Glossopteris-Flora*, wie sie besonders erst neulich auch Herr Dion. Stur beansprucht, ausgesprochen; denn *Glossopteris* kommt in *verschiedenen Horizonten* vor; und zwar reicht sie:

vom *Karbon* (in N. S. Wales, untere Kohlenschichten, auch Tasmanien),

durch *Perm* (Newcastle-Schichten, N. S. Wales, Táltschir-Karharbári in Indien, Ekka-Kimberley, theilweise Tasmanien),

und *Trias* (Indien, Damuda-Pantschet, S.-Afrika-Beaufort),

bis in den *Jura* hinauf (Dschabalpurgruppe in Indien).

In *Tonkin* kommt *Glossopteris* ausserdem in Schichten vor, in welchen neben typischen *rhätischen* Pflanzen, wie sie in Europa bekannt sind, auch solche aus allen Abtheilungen des indischen Gondwána-System vorkommen, und die von *Zeiller* als *rhätisch* angesehen werden. Dass diese Beobachtung *Zeiller's* richtig ist, kann ich damit belegen, dass ich vor kurzer Zeit von Herrn Prof. Dr. *L. Crié* in Rennes eine kleine Suite von

Pflanzenabdrücken aus Indo-China zum Bestimmen erhalten habe, worin sich auf demselben Stücken folgende Pflanzen beisammen vorfanden:
Taeniopteris Mc'Clellandi, O. M. (ind. Art.); *Asplenium*, Gruppe *whitbyense* Heer *Glossopteris* sp.; *Clathropteris* sp. (rhät.); *Nilssonia polymorpha* Schenk (rhät.); *Pterozamites Münsteri* Schimp. (rhät.); *Anomozamites minor* (?) Brgt. (rhät.); *Noeggerathiopsis Hislopi* Feistm. (Gondwána-System, Indien).

1888. **Berghaus:** *Physikalischer Atlas.* — Neue Auflage von Prof. Dr. Hermann Berghaus. — 17. Lieferung: Nro. 12. — *Afrika*: Geologisch. 1888. Gotha, Justus Perthes.

Separat ist Süd-Afrika (Cap-Colonie) nach Dr. A. Schenck (siehe weiter) gegeben. Das *Karoobecken* repräsentiert *Dyas* (Perm) und *Trias*.

— **Dunn E. J.**: *Notes on the Occurrence of Glaciated Pebbles and Boulders in the so-called mesozoic Conglomerate of Victoria.* — In: Transactions and Proceedings of the Royal Society of Victoria. Vol. XXIV, pp. 44—46.

Dieser Aufsatz ist mir unzugänglich geblieben — nach *C. D. White* (siehe weiter) erwähnt *Dunn* darin Petrefakte aus den *Stormberg-Schichten* in Süd-Afrika, nämlich: *Sphenopteris elongata, Pecopteris odontopteroides, Cyclopteris cuneata* und *Taeniopteris Daintreei*.

— **Feistmantel** Dr. O.: *Über die geologischen und palaeontologischen Verhältnisse des Gondwdna-Systems in Tasmanien etc.* — In: Sitzungsb. d. königl. böhm. Gesellschaft der Wissenschaften Prag. 7. Dezember 1889.

Enthält unter anderen auch einige Nachträge zur Literatur Süd-Afrika's.

— **Green** Prof. A. H.: *On the Geology and Physical Geography of the Cape Colony.* — In: Quarterly Journal Geological Society, London. Vol. 44, pp. 239—270. Mit geolog. Durchschnitten.

Prof. *Green* war selbst in Süd-Afrika gewesen (1882), aber nicht für lange Zeit. Sein Aufsatz ist eine recht dankenswerthe Arbeit, die die geologischen Verhältnisse Süd-Afrika's in ziemlich übersichtlicher Weise darstellt. Von Fossilien scheint er aber nicht viel gesammelt zu haben.

Den *Tafelbergsandstein* sieht er als tiefer an, als die *Bokkeveldt-Schichten (Homalonotus-*Schichten-Devon), eine Ansicht, die schon *Bain* (l. c. 1852) vertrat und neuerlich auch Dr. *Gürich* theilt. Als eigene Gruppe werden die Quarzite der Zuurberge, Zwarteberge und Wittebergo ausgeschieden; sie führen an einzelnen Stellen Pflanzen, die entschieden für ein *Karbonisches Alter* sprechen. Dann folgt eine Diskordanz.

Darauf behandelt *Green* das *Dwykaconglomerat*, die *Ekkabeds* und die *Kimberleyshales*; zwischen diesen beiden nimmt er eine grosse *Diskordanz* an (die aber von spätern Beobachtern, wie Dunn 1886, Dr. Schenck 1888 entschieden bestritten wird).[*]

Die tiefsten kohlenführenden Schichten der Stormbergschichten, nennt er *Moltenobeds*.

---

[*] Der vorliegende, 1888 publicierte Aufsatz, ist, wie mir Dr. A. Schenck, 3 Juni 1888 mittheilt, wesentlich nur eine Reproduktion von *Green*'s früherem „Report of the Coals on the Cape Colony 1883"; Prof. Green hat aber in seinem neueren Aufsatze die in seinem früheren behauptete Diskordanz noch aufrecht erhalten.

1888. **Schenck**, Dr. A.: *Die geologische Entwickelung Süd-Afrika's.* — In: Petermann's Mittheilungen, 1888. Heft VIII. 4°. 8 Seiten. Mit geologischer Karte.

Dr. A. Schenck hatte 3 Jahre in Süd-Afrika mit geologischen Studien zugebracht. Einen Bericht über seine Beobachtungen habe ich schon in meinem obigen Aufsatze (1888, pp. 610—612) gegeben.

Von grösster Wichtigkeit sind seine Beobachtungen, die sich auf die *Karooformation*, worin alle Schichten vom *Dwykaconglomerat* bis zu den *Stormberggschichten* einbegriffen sind, beziehen.

Eine *Diskordanz* zwischen den *Ekkabeds* und *Kimberley-Schiefern* wird entschieden bestritten, im Gegentheil werden beide als analoge Bildungen angesehen. Seite 6 sagt Dr. Schenck:

„In Natal sind die Eccaschichten vertreten durch die sogenannten Pietermaritzburgschiefer und in West-Griqualand durch die Kimberleyschiefer".

„Der Umstand, dass diese Schiefer in Natal und Griqualand sich in mehr horizontaler Lage befinden, ist die Veranlassung gewesen, dass man sie früher als jüngere Bildungen ansah, wie die Eccaschichten und eine Diskordanz zwischen beiden annahm".

„In Wirklichkeit ist die Faltung am Südrande der Kapkolonie eine stärkere gewesen, als in den weiteren nördlichen Gebieten, wo nicht nur die den Eccaschichten entsprechenden Pietermaritzburg und Kimberleyschiefer, sondern auch noch die älteren Sandsteine der Kapformation in mehr horizontaler Lagerung sich befinden".

Und in einem am 3. Juni 1889 an mich gerichteten Briefe spricht sich Dr. A. Schenck gegen die Annahme einer Diskordanz zwischen den *Ekkabeds* und *Karoobeds* ebenso entschieden aus. (Siehe noch weiter).

— **Stur** Dion.: *Die Lunzer* (Letten-Kohlen) *Flora in den „Older Mesozoic beds of the Coalfield of Eastern Virginia".* — In: Verhandlungen der k. k. Geologischen Reichsanstalt. 1888. Nro. 10.

Der Hauptzweck dieses Aufsatzes war die Vergleichung der „Older Mesozoic Flora of Virginia", die von Prof. *Wm. M. Fontaine* (Unit. St. Geological Survey, Monographs. VI. 1883) beschrieben werden, mit jener der Lunzer-Schichten.

Zum Schlusse finden wir (pp. 10 et sequ.) aber einzelne allgemeine Betrachtungen, zu denen ich einzig und allein in der Absicht, um weitere Missverständnisse zu verhindern, einige kurze Bemerkungen beifügen will.

Zu Seite 11 sei bemerkt, dass weder in *Indien*, noch in *Afghánistán*, unter der *Glossopteris-Flora flötzführende* Schichten bekannt sind, deren fossile Pflanzen ganz normalen Steinkohlentypus zeigen etc. Dies ist nur in Süd-Afrika und in Australien der Fall.

Ebenso muss ich zu Seite 11 und 12 hinzufügen, dass es nicht naturgemäss ist, von einer einheitlichen *Glossopteris-Flora* zu sprechen, und selbe insgesammt als *permisch* zu betrachten; die Gründe habe ich schon vorn bei Herrn Prof. *Neumayr's* Werk angegeben.

Endlich scheint es mir nicht recht möglich, dass meine *Danaeopsis Hughesi* (ein grosser, dichotomer und gefiederter Wedel) mit einer „gefiederten *Sagenopteris* (?) von

Hurr² verglichen werden könnte einzig und allein auf Grund der geflügelten Blattrhachis (l. c. p. 12).

1888. **Szajnocha**, Dr. Lad.: *Über fossile Pflanzen aus Cacheuta in der argentinischen Republik.* — In: Sitzb. d. K. Akad. d. Wissenschaften, Wien, Mathemat. Naturw. Classe. Bd. XCVII. Abth. I. Juni 1888. 27 Seiten. 2 Tafeln.

Interessant durch den Nachweis des Vorkommens einzelner Arten aus Süd-Afrika (Stormbergschichten), aus Tasmanien, und d. oestlichen Australien, auch in den rhätischen Bildungen der argentinischen Republik.

— **Toula** Franz: *Die Steinkohlen, ihre Eigenschaften, Vorkommen, Entstehung und nationalökonomische Bedeutung.* Wien, 1888.

Bespricht pp. 114—121 auch die *Glossopterisschichten* und die eigenthümlichen Conglomerate in Süd-Afrika, Indien und Australien.

— **Weithofer** Ant.: *Über einen neuen Dicynodonten aus der Karooformation.* — In: Annalen des k. k. Naturh. Hofmuseums. Wien, 1888, Bd. II.

Der Horizont der Karooformation ist nicht näher angegeben; wohl *Beaufortbeds*.

— **Woodward** A. Smith: *On two new Lepidotoid Ganoids from South-Africa.* — In: Quart. Journ. Geolog. Society London. Vol. 44, pp. 138—143. Pl. VI.

Zwei Fische aus den Stormbergbeds werden beschrieben, wovon besonders die Gattung *Cleithrolepis* Egert. von besonderem Interesse ist, für die Parallelisierung dieser Schichten mit den Hawkesbury-Winnamatta-Schichten im oestl. Australien.

1889. **Gürich** Dr. (Breslau): *Beziehungen des Tafelbergsandsteines zu den Homalonotus führenden Bokkeveldschichten der Capcolonie, Süd-Afrika.* — In: Neues Jahrb. für Mineralogie, etc. 1889. Band II, pp. 73—80.

Im Gegensatze zu der Auffassung von *Dr. A. Schenck* (l. c. p. 3.), der den Tafelbergsandstein als ein Aequivalent der Bokkeveldschichten auffasst, kommt Dr. *Gürich* abermals zu der Auffassung *Bain's* zurück, wornach der *Tafelbergsandstein* tiefer ist als die *Bokkeveld-Schichten*. Dieselbe Auffassung findet sich übrigens auch bei *Green* (l. c. p. 240.) und auch bei *Dunn*. Diese Beobachtung mag wohl vollkommen richtig sein — aber eine sehr merkwürdige Thatsache ist es doch, dass dasselbe Gebilde innerhalb fast derselben Zeit eine so verschiedene Auffassung erfahren sollte. Nun mag dem sein, wie ihm wolle, so scheint es mir dennoch, dass die weiteren Schlüsse des Herrn Dr. *Gürich* nicht ganz zutreffend sind.

Das Hauptresultat ist, dass der *Tafelbergsandstein* aus der Reihe der *Zwarteberger*, *Zuurbergen*- und *Wittebergen-Quarzite* zu scheiden habe — sonst scheint mir, dass die Änderung nicht weiter reichen muss.

Angenommen die *Bokkeveldschichten* seien, den Petrefacten zu Folge, *devonisch*, aber ohne eine weitere praecisere Bestimmung des geologischen Horizontes mit Bezug auf die Petrefakte — denn diese würde, nach der Ansicht des Herrn Dr. Gürich selbst (l. c. p. 78) „schwer möglich sein, da es im Grunde genommen dieselbe Vergesellschaftung von Arten ist, die durch alle Schichten hindurchgeht — so ist der *Tafelbergsandstein* bei seinem Einfallen unter die Bokkeveldschichten eventuell ein tieferes Glied dieser Formation oder er ist *silurisch*.

Dagegen können aber die *Wittebergen-*, *Zwartebergen-* und *Zuurbergen-Schichten* immerhin karbonisch bleiben, zumal wir bedenken müssen, dass von *Tulbagh* im Westen, sowie von *Grahamstown* und vom *Kowie-Flusse* in Albany (im Osten) karbonische Pflanzen bekannt sind.

Die *Ekkaschichten* haben ihre eigene Flora und ist es daher nicht nöthig, die untere Grenze der Karooformation noch tiefer zu rücken (wie Dr. Gürich l. c. p. 80 andeutet) Ebenso unnatürlich ist die Folgerung, wenn Dr. *Gürich* (l. c. p. 80) schreibt: „Die im Quart. Journ. XXVII, 1871. p. 49. ff. (George Grey) erwähnten, anscheinend echten Kohlenpflanzen könnten wohl auch aus *Eccabeds* herrühren, so dass man nicht genöthigt ist, eine besondere Kohlenformation zwischen Karooformation und Wittebergsandstein anzunehmen."

Dr. Grey giebt als Lokalität dieser Pflanzen die Stormberge in Natal an — dort ist jedoch von *Ekkabeds* nichts vorhanden. — Ausserdem habe ich schon oben erwähnt, dass die *Ekkabeds* eine eigene verschiedene Flora haben, also können wohl nicht auch noch Kohlenpflanzen aus ihnen stammen. Nach dem oben erwähnten repraesentieren wohl die *Wittebergsandsteine* die Kohlenformation.

Übrigens stammen, wie schon vorn erwähnt, Dr. Grey's Kohlenpflanzen höchstwahrscheinlich gar nicht aus Süd-Afrika.

1889. **Jones**, T. Rupert: *Gliederung der Schichten in Süd-Afrika.*
Durch gütige Vermittelung des Herrn *W. T. Blanford* hat mir Herr Prof. *T. Rupert Jones* eine übersichtliche Darstellung der geologischen Schichtenfolge in Süd-Afrika übersendet; der Begleitbrief an Herrn W. T. Blanford trägt das Datum 9. Juli 1889 — und stellt daher obige Übersichtstabelle Prof. *T. Rupert Jones'* neueste Ansicht darüber dar. Ich werde diese Tabelle an einer anderen Stelle mittheilen.

— **Stapff**, Dr. F. M.: *Das „glaciale" Dwykaconglomerat Süd-Afrika's.* — In: Allgemeinverständliche naturwissenschaftliche Abhandlungen. Heft 5. (Separat-Abdruck aus der „Naturwissenschaftlichen Wochenschrift". Rodaktion: Dr. H. Potonié). Berlin 1889. Mit Kartenskizze (nach Dunn 1886) und Durchschnitt nach *Green* (l. c. Fig. 4. stark verkürzt).

In dieser Schrift bemüht sich der Autor zu zeigen, dass das *Dwykaconglomerat* in Süd-Afrika, das jetzt nach dem Vorgange verschiedener Beobachter und auf Grund seiner Analogie mit ähnlichen Conglomeraten in Indien und Australien, fast allgemein als *glacial* angesehen wird, trotz der an ihm vorkommenden, scheinbar dafür sprechenden Merkmale, *nicht glacial sein müsse* (l. c. p. 25). Auf diese Frage hier näher einzugehen ist nicht meine Absicht — jedenfalls stelle ich mich in diesem Punkte auf die Seite der Majorität — ich will nur auf einzelne Stellen hinweisen, die einer gewissen Berichtigung erfordern.

Dr. Stapff bespricht vorerst *Green's* Profil, dann *Dunn's* Karte aus 1886 und übergeht dann zur Besprechung der geologischen Stellung der *Karooschichten*. Darin ist eine ziemliche Confusion angerichtet, indem Herr Dr. Stapff in der auf Seite 12 gegebenen Schichtentabelle folgende Glieder annimmt:

Dwykaconglomerat (und *Eccabeds* ?). Flötzleerer Sandstein des Karbon,
Kimberleyshales — *Glossopteris* (Karbon oder) unterste Dyas,
Lower-Karoo — Saurier,*) verkieselte Hölzer. — Rothliegendes,
Upper-Karoo — Dicynodon etc. — Trias,
Stormbergbeds — Phyllotheca, Equisetites, Cycadeen, Pecopteris, Reptilien (Dicynodon nicht) — Rhaet.

Zu dieser Tabelle ist zu bemerken: Die *Cycadeen* aus den Stormbergschichten sind nicht näher bezeichnet und wurden solche bis jetzt überhaupt nicht erwähnt.

Lower-Karoo nach Jones sind die *Beaufortbeds*, und die *Upper-Karoo* sind die *Stormbergbeds*. Nach Dunn sind *Lower-Karoo* die *Ekkabeds*, und die *Upper-Karoo* sind die *Beaufortbeds*. Nach Moulle sind *Lower-Karoo* (Étage inférieur) = Ekkabeds und Kimberleyschichten, *Middle-Karoo* (étage moyenne) = Beaufortbeds, und *Upper-Karoo* (étage supérieure) = Stormbergbeds. Ähnlich nach *Cohen* und Dr. *A. Schenck*. Obige Eintheilung Dr. *Stapff's* ist daher eine ganz willkürliche, mit den bekannten Thatsachen gar nicht im Einklange stehende; die gegebene Tabelle ist daher nicht im geringsten massgebend.

Was nun noch die specielle Besprechung des *Dwykaconglomerates* anlangt, so sind jedenfalls die analogen Bildungen in Indien, in Victoria und N. S. Wales ungenügend berücksichtiget worden, und sind wohl auch in dieser Richtung Dr. Stapff's Resultate nicht als entgiltig zu betrachten.

1889. **White**, C. D.: *Carboniferous glaciation in the southern and eastern Hemispheres. With some notes on the Glossopteris-Flora.* — In: American Geologist. May 1889 pp. 299—330.

Ist eine übersichtliche Darstellung der geolog. Verhältnisse in Indien, Australien und Afrika jener Schichten, welche *glaciale Conglomerate* und *Glossopteris* führen. Aber auch hier sind einzelne Stellen, die einer Berichtigung bedürfen.

Auf Seite 302 schreibt z. B. *C. D. White* wie folgt:

„The Beaufort terrane is not well known. Vertebrate remains, described by Owen and pronounced by him to be carboniferous . . . have been found."

Ich glaube Prof. *Owen* hat die Wirbelthierreste der *Beaufortschichten* (Dicynodon etc) nirgend als *karbonisch* bezeichnet; im Gegentheil in seinem Catalogue etc. 1876, p. VIII. (Introduction) schreibt Prof. Owen wie folgt:

„The question lies between the triassic and the upper carboniferous periods; but the more generally adopted reference of the Beaufortbeds and, especially, the Stormbergbeds to a triassic age has been provisionally assigned in the notices of the localities in this Catalogue."

Und bei der Besprechung der einzelnen Arten, lesen wir bei der Lokalitätsangabe stets:

„From a triassic formation etc. . . ." —

Auf Seite 310 schreibt Herr *C. D. White* mit Rücksicht auf die Schichten von *Iguana Creek* und auf die *Avonsandsteine*:

---

*) Nicht gesagt, welche?

"These two terranes are generally regarded as Devonian, though Feistmantel considers the latter (nämlich Avon river sandstones) as Carboniferous."

Hier ist hinzuzufügen, dass die *Avonriversandsteine* mit *Lepidodendron australe* Mc'Coy, von jeher, allgemein als (unter) karbonisch betrachtet wurden und werden. Ich kann hier nur auf *Mc'Coy's* ursprüngliche Beschreibung des *Lep. australe* (Prodromus Pal. Victoria 1874. Dec. 1) dann, auf *Brough Smyth's* Report 1876, *Langtree* and *Murray*, Geolog. Collection. Colon. and Ind. Exhib. Vict. Catal. 1886 etc. hinweisen Eine Berichtigung erfordert auch die Stelle auf 313, wo *C. D. White* schreibt:

"Each of these great terranes of India, Africa and Australia contains coal-seams with floras . . . which . . . find their nearest European allies in the mesozoic, and for the most part in the Jurassic. Likewise they all contain in their lower members faunas which are distinctly characteristic of the Carboniferous period and are largely identical with those of that age in Europe and America".

Hier muss ich entschieden erklären, dass weder in Indien (nämlich im Gebiete des Gondwána-Systems) *noch in Afrika, unter den Schichten des Gondwána-Systems, beziehungsweise der Karooformation Schichten liegen, die eine charakteristische karbonische Fauna enthalten; dies ist einzig in Australien der Fall, während in Afrika eine oberkarbonische Flora unter der Karooformation lagert, in Indien aber überhaupt nur versteinerungsleere Schichten das Gondwána-System unterlagern.*

Noch muss ich einige Worte zu der Tabelle zufügen, die Herr *C. D. White* auf Seite 316 reproduciert und gewissermassen der von mir vorgeschlagenen und von ihm auf Seite 319 angeführten, entgegenstellt. Herr *C. D. White* scheint jene als die richtigere anzusehen, was er auch in einem an mich gerichteten Briefe zum Ausdruck bringt — auf diesen komme ich noch weiter zu sprechen. Aber einzelne Bemerkungen werden hinreichen zu zeigen, dass die genannte Tabelle nicht in jeder Beziehung korrekt ist.

Die *Stormbergschichten* sind wohl ganz richtig parallelisiert.

Die *Beaufortbeds* sind wohl richtig als *Trias* eingereiht — obzwar nach *C. D. White's* eigener Beschreibung Seite 305 es eher den Anschein hat, als wenn er sie als *permisch* ansehen möchte (doch waren dort, wie schon gezeigt, die Praemissen nicht richtig). Diesen Beaufortbeds werden nun nur die *Panschet-Schichten* in Indien und *Wianamatta* in N. S. Wales gegenüber gestellt — dies ist nicht richtig; die Wianamatta Schichten (und vielleicht auch die Hawkesbury-Sch.) entsprechen den Stormbergschichten, und neben den Panschet glaube ich müssen auch noch die Damuda-Sch. den Beaufort Schichten gegenüber gestellt werden.

Die *Damuda-Schichten* sind in seiner Tabelle einerseits den *Hawkesbury-Sch.* in Australien, andererseits den *Koonap* (Kimberley) Sch. gegenübergestellt; keines von beiden ist richtig; die *Koonap-Schichten* gehören zu den Ekkabeds, und die Hawkesbury sind jedenfalls etwas höher als die Damudas. Alle drei genannten werden aber als *Permian* bezeichnet. Doch ist hinreichend bekannt, oder sollte so sein, dass die australischen Geologen, besonders *C. S. Wilkinson*[*]) die Hawkesbury-Schichten mit

---

[*]) Vergl. auch ante *David* (T. W. E.), l. c. pp. 190—196.

Entschiedenheit als *triasisch* ansehen; die *Damuda-Schichten* sind es meiner Ansicht nach auch, aber die Koonap- resp. Kimberley-Sch. sind tiefer.

Zwischen den *Koonap-Schichten* (Kimberley) und den *Ekkaschichten* wird eine „Unconformity" angenommen, und dieser werden die *Karharbdri-Schichten* in Indien und die *Newcastlebeds* in Australien gegenübergestellt.

Was die „Unconformity" anbelangt, so hätte wohl Herr *C. D. White* auch die Aufsätze von *Dunn* (1886) und besonders von Dr. *A. Schenck* 1888 berücksichtigen sollen, von denen besonders der letztere deutlich erklärt, was für eine Bewandtniss es mit dieser sog. Unconformity habe.

Die *Koonap-Schichten* werden jetzt von T. R. *Jones* selbst mit den Ekka-Schichten vereinigt, während Dr. A. *Schenck* den Nachweis führt (wie es schon vorher auch Dunn 1886 that), dass die *Kimberleyshales* den *Ekkabeds* aequivalent sind; ein Verhältniss, wie wir es in Indien zwischen *Karharbdri-* und *Tdltschir-Schichten* finden — diese Schichtengruppen sind dann den *Newcastlebeds* analog, gerade so wie die glacialen Conglomerate unter ihnen, den oberen Marinen-Sch. in Australien, beziehw. N. S. Wales.

Unrichtig ist auch die Angabe in der dritten Colonne, dass die Newcastlebeds „Carboniferous invertebrates" enthalten — diese gehören in die „Upper marine beds". — Ebenso ist die Zusammenstellung in der mittleren Colonne:

„Talchir.
Speckled Sandstone.
(Glacial).
Upper Carbonif. invert.
Carbonif. Vert".

nicht naturgemäss und kann insofern Missverständnisse hervorbringen, als man denken könnte, dass die ganze *Tdltschir-Gruppe* dem *Speckled-Sandstone* gleichkomme, und auch „Upper Carbonif. invert." führe — indessen haben beide nur das glaciale (?) Conglomerat analog, während die Petrefakte der Táltschir-Schiefer (über dem Conglomerat) nur *aus Pflanzen* bestehen, und von „*Upper Carbonif. invert.*" *nicht eine Spur vorhanden ist.*

Wenn die Schichten in Süd-Afrika (unter der Karooformation) mit *karbon. Pflanzen* den *Lepidodendron-Sandsteinen* in Australien, die entschieden *unterkarbonisch* sind, gleichgestellt werden, so ist dies, meiner Ansicht nach in nichts begründet, wie aus meinen weiteren Mittheilungen vielleicht ersichtlich werden wird, besonders mit Rücksicht auf die Steinkohlenablagerung am Zambezi in der Gegend von Tete.

Ich muss aber zugleich eingestehen, dass Herr *C. D. White* seine Nichtübereinstimmung mit mir, betreffend das Alter einiger der genannten Schichten in der coulantesten Weise ganz offen mir bekannt machte, zugleich aber in anderer Beziehung seine volle Anerkennung mir gegenüber erklärte; in einem, Washington 10 June, 1888, datierten Briefe schreibt er darüber folgendermassen.

„While I must confess that I do not entirely agree with You as to the age of some of the plantbeds I cannot express in too high terms of praise my appreciation of Your great and most valuable contributions to the science in the form of the Gondwána-Flora and Your memoirs on the Australian flora. It cannot be too highly estimated and I fear, that in my disagreement as to time I have failed to give You the deserved praise for Your palaeontological work — an oversight I shall take pleasure in correcting in any subsequent notes relating to the matter at hand".

Ich habe oben gezeigt, worin Herrn C. D. White's Abweichung von mir besteht, und wie weit dieselbe begründet ist.

Ich übergehe nun zur Schilderung der einzelnen Formationsglieder in Süd-Afrika, wobei besonders auf die im Vorigen angegebene Literatur Bezug genommen werden soll.

Geologisch-palaeontologischer Theil.

In dieser Abtheilung will ich es versuchen, eine gedrängte Darstellung vorerst der geologischen Schichtenfolge in Süd-Afrika zu geben, so weit uns selbe besonders nach den neuesten Beobachtungen und Darstellungen von Prof. T. R. Jones, E. Cohen, Prof. Green, Dr. A. Schenck, Dr. Gürich etc. bekannt wurden.

Den Verhältnissen angemessen, sind die einzelnen Schichten am zweckmässigten in Gruppen gereiht und bei jeder dann auch die palaeontologischen Verhältnisse erörtert.

I. Archaische Gruppe.

Die Glieder dieser Gruppe sind von wenig Interesse für den gegenwärtigen Zweck, da sie keine organischen Reste führen. Es sind Gneisse, Granite, verschiedene krystallinische Schiefer, Quarzite, quarzitische Sandsteine etc., die als Namaqua- und Malmsburyschichten, sowie neuerdings auch als Swasischichten bezeichnet werden (Vrgl. Dr. A. Schenck 1. c. pp. 1—2). Sie entsprechen im Ganzen den europäischen archaischen Bildungen, doch schliessen sie höchst wahrscheinlich, als Malmsbury-Schichten, auch noch den grössten Theil des Silurs (metamorphosiert und ohne Versteinerungen) ein.

II. Palaeozoische Gruppe.
(Kapformation nach Dr. A Schenck).

Hier betrachte ich jene Formationen, welche den Petrefakten nach als palaeozoisch sich offenbaren, ohne damit sagen zu wollen, dass nicht auch das eine oder andere Glied der nächsten Gruppe auch noch palaeozoisch sein könnte.

Die Schichten dieser Abtheilung, die eine mächtige Folge von Sandsteinen, Schiefern und Kalksteinen bilden und zumeist marinen Ursprungs sind, lagern diskordant auf den oben angeführten Schichten der archaischen Gruppe.

Die Schichten, um die es sich hier handelt, sind a) der Tafelbergsandstein, b) die Bokkeveldschichten und c) die Schichten der Zuurbergen, Zwartebergen und Wittebergen. Die Abtheilungen b) und c) sind petrefaktenführend.

Die von mir gewählte Aufzählung a) b) c) bezeugt nicht etwa die geologische Aufeinanderfolge, sondern ist nur eine einfache nummerische Aufzählung der einzelnen Glieder; denn die geologische Folge scheint nicht definitiv bestimmt zu sein, da selbst in neuester Zeit selbe fast zu gleicher Zeit ganz verschieden angegeben wird.

Bain (l. c.) fasste den Tafelbergsandstein als tiefstes Glied auf. In seinem Profil (l. c. Pl. XXI. Nro. I.) zeichnet er Schichten, die dieselben sind, wie am Table Mountain bei Capetown (daher Tafelbergsandstein), wie sie zwischen Michel Pass und Ceres unter Schichten der Bokkeveldberge einfallen. — Eine ähnliche Auffassung finden wir bie Dunn (sieh Schenck l. c. p. 3), ebenso bei Prof. Groen (l. c. p. 240—241).

Prof. T. Rup. Jones (1884) setzt dagegen den Table Mountain Sandstone über die Bokkeveldschichten; dasselbe thut E. Cohen (1887). Dr. A. Schenck (l. c. 1888) fasst beide als aequivalente Bildungen auf. Neuster Zeit aber (1889) weist ihm Dr. Gürich abermals eine Stellung unter den Bokkeveldschichten an, indem er dies an einem, durch den Tafelberg über Paarl und Ceres nach Karooport gezogenen geolog Profile erläutert.

Bei dieser Frage ist jedenfalls zu bedauern, dass der Tafelbergsandstein bis jetzt keine erkennbaren Fossilien geliefert hat.

Nun aber ist für das Verhältniss zu der nächsten Gruppe, nämlich zur Karooformation, die höhere oder tiefere Lagerung des Tafelbergsandsteines oder der Bokkeveldschichten vorläufig von keiner weiteren Bedeutung; wichtiger aber sind schon die Verhältnisse der Zuurberge- Zwarteberge- u. Witteberge-Schichten. Diese werden fast durchwegs als oberste Glieder der in Rede stehenden Gruppe angesehen, obzwar ihnen auch mitunter eine verschiedenfache Deutung gegeben wird.

Hier dürften uns vielleicht die palaeontologischen Verhältnisse am besten den Weg weisen.

Die Bokkeveldschichten bilden einen bestimmten Horizont; sie führen marine Thierreste, welche ohne weiters als devonisch anzusehen sind.

Die hauptsächlichsten aus diesen Schichten beschriebenen Petrefakte sind: *)

Homalonotus Herscheli Murchison.
1852 J. W. Salter in Bain, l. c. p. 215, Pl. XXIV. fig. 1—7.
Lokalität: Gydow Pass, Leo (Lieun) Hoek, Warm Bokkeveld (alles in der Umgegend von Ceres).

Phacops (Cryphaeus) *Africanus* Salt.
1852, Salter, l. c. p. 218, Pl. XXV. f. 1—9.
Lokalität: Gydow-Pass, Hottentots-Kloof, Cedarberg.

Phacops Caffer Salt.
1852, Salter, l. c. p. 219. Pl. XXV. f. 10—13.
Lokalität: Gydow-Pass, Leo Hoek.

---

*) Selbe finden sich in Bain, l. c. pp. 203 et sequ., beschrieben und abgebildet (von Sharpe und Salter); eine Aufzählung ist bei Dr. A. Schenck (l. c. p. 8) und auch Dr. Gürich führt einzelne Arten an (l. c. pp. 77—78).

Typhloniscus Baini Salter.
1852, Salter l. c. p. 221. Pl. XXV. f. 14.
Lokalität: Gydow-Pass.
Terebratula Baini Sharpe.
1852, Dr. Sharpe, in Bain, l. c. p. 208. Pl. XXVI. f. 11—12.
Lokalität: Warm Bokkeveld.
Spirifer Orbignii M. & Sh.
1846, Morris and Sharpe in Qu. Journ. Geol. Soc. Vol. II. pl. XI f. 3.
1852, Sharpe l. c. p. 207. Pl. XXVI. f. 3, 4 & 6.
Lokalität: Warm Bokkeveld.
Spirifer antarcticus Morr. & Sh.
1846, Morris and Sharpe, l. c. pl. XI. f. 2.
1852, Sharpe, l. c. p. 206. Pl. XXVI. f. 1, 2, 5.
Lokalität: Warm Bokkeveld.
Orthis palmata M. & Sh.
1846, Morris and Sharpe l. c. pl. X, f. 3.
1852, Sharpe, l. c. p. 207. Pl. XXVI, f. 7—10.
Lokalität. Cold Bokkeveld, Warm Bokkeveld, Cedarberg, Hottentots-Kloof., Kokmans Kloof.
Strophomena Baini Sh.
1852, Sharpe l. c. p. 208. Pl. XXVI, f. 13, 17.
Lokalität: Warm Bokkeveld.
Strophomena Sulivani M. & Sh.
1846, Morris and Sharpe l. c. pl. X, f. 1.
1852, Sharpe l. c. p. 209. Pl. XXVI, f. 18, 19.
Lokalität: Warm Bokkeveld.
Chonetes sp. indeterm.
1852, Sharpe, l. c. p. 209. Pl. XXVI, f. 14—16.
Lokalität: Warm Bokkeveld.
Orbicula Baini Sh.
1852, Sharpe, l. c. p. 210. Pl. XXVI, f. 20—23.
Lokalität: Gydow-Pass, Hottentots-Kloof., Cedarberg.
Solenella antiqua Sh.
1852, Sharpe, l. c. p. 210. Pl. XXVII, f. 1.
Lokalität: Leo Hoek.
Solenella rudis Sh.
1852, Sharpe, l. c. p. 211. Pl. XXVII, f. 6.
Lokalität: Hottentots-Kloof.
Cleidophorus (Cucullela) *Africanus* Salter.
1852, Sharpe, l. c. p. 211. Pl. XXVII, f. 2, 4.
Lokalität: Cedarberg, Gydow-Pass.

Cleidophorus (Cucullela) *abbreviatus* Sh.
1852, Sharpe, l. c. p. 212. Pl. XXVII, f. 3.
Lokalität: Gydow-Pass.

Leda inornata Sh.
1852, Sharpe, l. c. p. 212. Pl. XXVII, f. 5.
Lokalität: Hottentots Kloof.

Leptodomus (?) *ovatus* Sh.
1852, Sharpe, l. c. p. 212. Pl. XXVII, f. 7.
Lokalität: Leo Hoek.

Sanguinolites (?) *corrugatus* Sh.
1852, Sharpe, l. c. p. 212. Pl. XXVII, f. 8.
Lokalität: Leo Hoek.

Modiolopsis (?) *Baini* Sh.
1852, Sharpe, l. c. p. 213. Pl. XXVII, f. 9.
Lokalität: Leo Hoek.

Anodontopsis (?) *rudis* Sh.
1852, Sharpe, l. c. p. 213. Pl. XXVII, f. 10.
Lokalität: Leo Hoek.

Littorina (?) *Baini* Sh.
1852, Sharpe, l. c. p. 213. Pl. XXVII, f. 11—12.
Lokalität: Gydow-Pass.

Conularia Africana Sh.
1852, Sharpe, l. c. p. 214. Pl. XXVII, f. 13.
Lokalität: Cedarberg.

Theca subaequalis Salter.
1852, Sharpe, l. c. p. 215, fig. 3, 4, on p. 214.
Lokalität Warm Bokkeveld.

Tentaculites crotalinus Salter.
1852, Salter, l. c. p. 222. Pl. XXV, fig. 15—18.
Lokalität: Warm Bokkeveld, Hottentots-Kloof.

Bellerophon (Euphemus) *quadrilobatus* Salter.
1852, Salter, l. c. p. 214, fig. 1—2.
Lokalität: Warm Bokkeveld.

Ausserdem führt Salter noch an:

Serpulites Sica Salter l. c. p. 222. Pl. XXV, f. 19, Warm Bokkeveld; und *Ophiocrinus Stangeri*, Salter, l. c. p. 223. Pl. XXV, f. 20. Lokalität nicht sicher gestellt.

Der Schluss betreffs dieser Überreste ist l. c. p. 224 zu finden, und er lautet dahin, dass sich die Autoren (Sharpe and Salter) gezwungen sehen, die Formation als devonisch anzusehen: „hence we are compelled to regard the formation as Devonian".

Ein bestimmter Horizont der Devonformation wird nicht angegeben, wie es auch Herr Dr. Gürich (l. c. p. 78) zum Ausdruck gebracht hat und wird man hier wohl an die ganze Devonformation denken müssen.

Ist diesem so, und fällt der Tafelbergsandstein bei Ceres in der That unter die Bokkeveldschichten ein, so ist er entweder älter als Devon, oder bildet ein tieferes, bis jetzt versteinerungsleeres Glied der Devonformation.

Dagegen aber werden die Witteberge-Zuurberge- u. Zwartobergo-Schichten als höher anzusehen sein, zumal in ihnen an einzelnen Stellen wirklich Steinkohlen petrefakte (Pflanzen) aufgefunden werden. In dieser Weise sehen wir diese Gruppe bei Green (l. c. p. 241) und anderen aufgefasst.

Die von G. Grey (1871, l. c. pp. 49—51) aus den Stormbergen citierten Karbonpflanzen, sind, wie schon vorn erwähnt, höchst wahrscheinlich unrichtig, als von Süd-Afrika stammend, angegeben worden. Dagegen werden solche von anderen Orten angegeben.

Das Hauptgebiet scheint die Provinz Albany (Umgebung von Grahamstown, der Kowie river) mit den Zuurbergen zu sein; doch auch aus dem weiteren Westen werden Karbonpflanzen citiert; ebenso im Norden, aus der Umgebung von Tete am Zambesi-Flusse.

Folgende Arten oder Gattungen werden angegeben:

1. Aus den Kohlenschichten von Lower Albany erkannte Carruthers (Grey, l. c. p. 54) eine *Sigillaria*.

An derselben Stelle heisst es weiter:

„In the micaceous shales of this series (Lower Albany coalfield), collected by Mr. Neate at Port Alfred, Mr Bristow F. R. S. has detected *Sigillaria*, *Stigmaria*, *Lepidostrobus*, *Halonia* and *Selaginites*, as reported by him to the Colonial Secretary in May 1870".

2. In den Sammlungen der Geological Society of London, ist ein Exemplar von der Mündung des Kowie-Flusses, das als:

Lepidophloeus (?) (Jones 1886) angeführt wird.

3. Aus dem Grahamstown-quarry wird citiert:

Lepidodendron near *obovatum* Stbg.

Sigillaria sp. . . .

Diese befinden sich nach einer brieflichen Mittheilung von Prof. T. R. Jones im British Museum.

4. Ausserdem wird angeführt:

Lepidodendron von Swellendam und Riversdale (nach Wylie).

Knorria, von Swellendam (nach Dr. Rubidge). — Diese Angabe findet sich in dem Aufsatze von Prof. T. Rup. Jones 1886.

5. Doch auch weiter im Westen werden Karbonpflanzen angeführt, nämlich aus der Umgegend von Tulbagh:

Calamites, *Equisetum*, *Lepidodendron*. (Vergl. Griesbach, 1871, p. 57.).

Wenn wir nun die Überreste von Karbonpflanzen in der Kapkolonie zusammenstellen, so ergiebt sich:

Equisetum sp, Tulbagh.

Calamites sp. Tulbagh.

Selaginites sp. Port Alfred, Lower Albany coalfield.
Lepidodendron nahe L. *obovatum* Stbg.; Grahamstown-quarry.
Lepidodendron sp. Tulbagh, Swellendam und Riversdale.
Lepidostrobus sp. Port Alfred, Lower Albany coalfield.
Lepidophloeus (?) sp. Mündung des Kowie-Flusses.
Halonia sp. Port Alfred, Lower Albany coalfold.
Knorria sp. Swellendam.
Sigillaria sp. Port Alfred, Lower Albany coalfield; Grahamstown-quarry.
Stigmaria sp. Port Alfred, Lower Albany coalfield.

Diess sind zwar alles nur generisch bestimmte Pflanzenreste — doch scheint mir das Ensemble eher für echtes (oberes) Karbon, als für Unterkarbon (etwa Culm) zu sprechen. Jedenfalls aber beweisen diese Reste deutlich genug, dass auch in der Kapkolonie karbonische Schichten, wie sie in Europa und Amerika vorkommen, entwickelt sind. Diese Pflanzen als aus den Ekkaschichten kommend anzusehen, wie es Dr Gürich (l. c. p. 80) thun möchte, ist wohl unzulässig, denn erst auf diesen Schichten mit Karbonpflanzen lagert das Dwykaconglomerat, und dann erst die Ekkaschichten die, wie wir bald sehen werden, ihre eigene Flora haben.

Aber noch mehr. Auch noch etwas weiter nördlich, nemlich am Zambesi-Flusse bei Tete, sowie nordwestlich und südoestlich hievon, dem Zambesi entlang, sind Schichten bekannt, die der Steinkohlenformation angehören.

Herr Bergingenieur E. Lapierre hat eine kurze Beschreibung dieses Terrains 1883 (l. c.) gegeben. Ein Durchschnitt (fig. 7.) auf Pl. XIX, der von Morumbala, nahe der Mündung des Zambesi, in nordwestlicher Richtung über Sena und Tete bis in die Chicova-Ebene geführt ist, veranschaulicht einigermassen den geologischen Bau der Gegend.

Die Unterlago bilden Steinkohlenschichten, die bei Morumbala von Granit, bei Lupata und Kebrabasa von anderen Eruptivgesteinen (vielleicht Diorit) durchbrochen werden.

Zwischen Morumbala und Lupata liegt eine Schicht mittelkörniger, rother Sandsteine, die eine Ähnlichkeit mit gewissen permischen oder triasischen Sandsteinen besitzen.

Die Kohlenlager sind östlich von Tete gelegen, und zwar in einem Terrain, das westlich vom Zambesi, nördlich von seinem Zuflusse Rovugo, südlich vom Zuflusse Muarase und östlich von archaischen Gesteinen begrenzt wird.

Die Kohle variert in Mächtigkeit von 30—40 centim. bis zu 12 und 14 m. Brennt gut, giebt ziemlich gute Coaks, hinterlässt aber 12—18% Aschengehalt.

Herr Lapierre hatte auch mehrere Petrefakte gesammelt, die von Herrn R. Zeiller bestimmt und aufgezählt wurden (1883, l. c.).

Die Arten waren:

Calamodendron cruciatum Sternbg. sp.
Annularia stellata Schloth. sp.
Sphenophyllum oblongifolium Germ. et Kaulf.
Sphenophyllum majus Brong. sp.

Pecopteris arborescens Schloth. sp.; auch fruktifizierend.
Pecopteris cyathea Schloth. sp.
Pecopteris unita Brongt.
Pecopteris polymorpha Brongt.
Alethopteris Grandini Brongt. sp.
Callipteridium ovatum Brongt. sp.

Herr R. Zeiller betrachtet diese Flora als der oberen Steinkohlenformation angehörig.

Wir gelangen also zu den folgenden Resultaten:

1. Im Süden Afrika's, sowohl in der Kapkolonie als am Zambesi finden sich Schichten abgelagert, die den Petrefakten nach als Steinkohlenformation aufgefasst werden müssen.

Selbe offenbaren sich den Pflanzenpetrefakten nach wohl als obere Steinkohlenformation.

2. In der Kapkolonie lagert auf diesen Schichten die Karooformation; am Zambesi finden sich darauf gewisse rothe Sandsteine, die höchstwahrscheinlich die Karooformation repraesentieren.

3. Es werden daher selbst die tiefsten Glieder der Karooformation nicht älter als oberes Karbon sein können.

Eine Übersichtstabelle möge die Gliederung der archaischen und palaeozoischen Schichten bei einzelnen Autoren veranschaulichen:

Prof. T. Rup. Jones 1884	E. Cohen 1887	Prof. A. H. Green 1888	Dr. A. Schenck 1888	Dr. Gürich 1889
Carboniferous:	Carbonisch ?			
5. Witteberge and Zuurberge Quarzite.	—	Quarzites of the Zuurberge, Zwartsbergen and Wittebergen.		?
4. Table Montain Sandstone. Unconformity.	Tafelbergsandstein.	—	Kapformation: Tafelbergsandstein den Bokkeveldschichten (und zwar zumeist den obersten Gliedern) aequivalent. Die Zwartsberge- u. Zuurbergquarzite sind mit dem Tafelbergsandstein zu vereinigen.	
Devonian:				Wittebergsandstein-Oberdevon.
3. Bokkeveld Beds.	Bokkeveldbedsdevonisch.	Bokkeveld-Beds-Devonian. Table Montain Sandstone. Great Unconformity.		Bokkeveld-Schichten-Devon. Tafelbergsandsteinunterstes Unterdevon.
Silurian (?)				
2. Malmsburybeds.	Malmsburybedsvordevonisch.	Malmsbury-Beds.	Süd-afrikanische Primärformation: Swasi-Schichten, Namaqua- u. Malmsbury-Schichten.	
1. Namaqua shistes and Gneiss.				

4*

Dagegen erlaube ich mir, auf Grund der vorhergehenden Beobachtungen, sowie mit hinreichender Würdigung des Vorkommens von karbonischen Pflanzen, folgende Gliederung vorzuschlagen:

Kapformation (nach Dr. A. Schenck)
- **Karbonisch** (wohl zumeist obere Abtheilung): Zuurbergen-Zwartebergen und Wittebergen-Schichten in der Kapkolonie; ebenso die Kohlenschichten bei Tete am Zambesi. Mit karbonischen Pflanzen.
- **Devon**: Bokkeveldschichten in der Kapkolonie — mit devonischen marinen Petrefakten.
- **Unterstes Devon**: Tafelbergsandstein. (Nach Dr. Gürich).
- **Südafrikanische Primärformation** (z. Th. metamorphisch):
  - Malmsburyschichten — (Theilweise Silur metamorphisch).
  - Namaqualand-Schiefer, Gneiss etc.

III. Gruppe der Karoo-Formation.*)

Über den eben besprochenen palaeozoischen Gesteinen folgt eine interessante Gruppe von Schichten, die lange unter dem Namen der Karoo-Formation bekannt ist, und sowohl durch ihre stratigraphischen, petrographischen und palaeontologischen Verhältnisse einerseits, als auch durch ihre Beziehungen zu anderen Formationen, namentlich in Indien und Australien andererseits, stets das Interesse der Geologen und Palaeontologen geweckt hat.

Diese Formation hat eine grosse Ausdehnung und zwar in der Mitte der Kapkolonie, wo sie den Grund der Grossen Karoo bildet, dann in Kafrarien, in Natal, im Basutolande, im Orange Free State und in Griqua-Land West.

Im Süden legt sie sich an die Wittoberge-Zwarteberge und Zuurberge-Schichten, im Westen an die Bokkeveld-Berge an.

Sie setzt sich aus verschiedenen Schiefern, Schieferthonen, Mergelschiefern, Sandsteinen und Conglomeraten zusammen.

Einzelne ihrer Glieder führen Petrefakte, aber bis jetzt sind nur Landpflanzen, Reptilien, Fische und wie es scheint Süsswassermuscheln bekannt, so dass wohl hier mit Recht auf einen nicht marinen Ursprung dieser Karooformation geschlossen wird.

---

*) Vielfach auch Karroo, Karú, oder Karrú geschrieben. So benannt nach der „Grossen Karoo" in der Kapkolonie, welche zumeist aus Schichten dieser Formation besteht.

Was das *Alter* dieser Formation betrifft, so war es für lange Zeit ein Gegenstand lebhafter Diskussionen und kann wohl auch bis jetzt nicht mit vollkommener Sicherheit festgestellt werden — aber aus dem, was schon oben über das Alter der Steinkohlenschichten gesagt wurde, und was noch weiter über die einzelnen Glieder dieser Formation sich ergeben wird, dürfte dann mit grosser Wahrscheinlichkeit auf die Altersstellung der Formation geschlossen werden können.

Dabei ist es eigentlich ziemlich gleichgiltig, wie die tiefsten Glieder dieser Formation auf den unterliegenden Schichten lagern.

Green (l. c. p. 240) giebt eine Diskordanz (Unconformity) zwischen der tiefsten Schicht der Karooformation (Dwykaconglomerat) und den karbonischen Schichten an. Ebenso stellt es Moulle (l. c. p. 32) dar. Aus Jones' Darstellung (1884 l. c.) ist eine solche Diskordanz gegen die karbonischen Schichten nicht ersichtlich.

Dr. A. Schenck l. c. p. 5 drückt sich folgendermassen darüber aus:

„Man hat vielfach eine Diskordanz zwischen der Karooformation und den älteren Schichten der Kapformation behauptet. In Natal, wo die direkte Überlagerung beider Formationen zu sehen ist, lagern die Karrooschichten, wie die Profile bei Pietermaritzburg und an der Tugela ergeben, konkordant über dem Tafelbergsandstein. Im südlichen Transvaal, in West-Griqualand und in der Kapkolonie findet eine Anlagerung der Karrooformation an die älteren Bildungen statt. Es musste durch Dislokationen in der Kapformation zuerst das grosse Becken geschaffen werden, in dem die Karrooschichten zur Ablagerung gelangten".

Die Glieder, in welche Prof. T. Rupert Jones die Karooformation im J. 1867 bei Tate (l. c. 1867 pp. 142—144) getrennt hatte, waren (von unten hinauf):

1. Die Eccabeds.
2. Die Koonapbeds.
3. Die Beaufortbeds (mit Glossopteris und Dicynodonten).
4. Die Stormbergbeds. Verschiedene Reptilien.

Die Uitenhageformation war hier nicht eingeschlossen.

Die Koonap-Schichten werden aber von den neueren Beobachtern nicht wieder separat angeführt (vergl. Jones 1884, Green 1888, Schenck 1888); ja in seinem Aufsatze 1886 und in einer mir heuer (1889) übersandten Schichtentabelle für Süd-Afrika (siehe weiter), vereinigt Prof. T. Rup. Jones die Koonap-Schichten deutlich mit den Eccabeds. Es bleiben uns daher hauptsächlich nur drei Abtheilungen der Karooformation übrig:

1. Ekka-Schichten. 2. Beaufort-Schichten. 3. Stormberg-Schichten.

Oder, wenn wir die Karooformation als Ganzes zu Grunde legen, so ergiebt sich, mit Rücksicht auf obige Abtheilungen, von selbst folgende Eintheilung:

1. Untere Karooformation. 2. Mittlere Karooformation. 3. Obere Karooformation.

Diese Eintheilung finden wir auch schon bei Moulle (1885), Cohen (1887) und Dr. A. Schenck (1888) und ist selbe, glaube ich die natürlichste, während früher auch andere Eintheilungen und Benennungen angewendet wurden.

1. Untere Karooformation. — Ekkaschichten.

Diese Abtheilung schliesst in sich:
a) Das Ekkaconglomerat oder Breccia = Dwykaconglomerat nach Dunn.
b) Die Ekkaschichten = „Lower Karoo-Beds" bei Dunn.
Diese beiden stellt jetzt Prof. T. R. Jones gleich:
den „Koonap- and Ecca-Beds (including the Breccia)" in Tate's Abhandlung Qu. J. Geol. Soc. 1867 p. 142 und 167.
c) Die Kimberley-shales von Green und anderen (= Olive-Shales von G. W. Stow, Qu. J. Geol. Soc. 1874 pp. 604 et seqn.).

a) Die Basis der Karooformation bildet an der westlichen und südlichen Umrandung der Gr. Karoo, sowie in Albany und dann wieder in Natal ein eigenthümliches Gestein, das in einer graugrünlichen tuffartigen Grundmasse verschiedene Geschiebe und Blöcke anderer Gesteine eingeschlossen enthält. Eine typische Ansicht dieses Gesteines aus Natal findet sich bei Griesbach 1871, l. c. p. 58.

Es wurde früher verschiedenfach genannt und gedeutet. Bain nannte es „Claystone-Porphyry" (l. c. p. 185), Wyley „Trap-Conglomerate" (vergl. Tate 1867, l. c. p. 172), Sutherland „Boulder-Clay" (l. c. 1870, p. 514), Griesbach „Boulderbed" (l. c. 1871, p. 58), Dunn „Dwyka-Conglomerate" (l. c. 1879). Dieser letztere Name findet jetzt allgemeine Anwendung, obzwar die Benuenung „Ekka-Conglomerat" angemessener wäre. Früher wurden diese Gesteine als eruptiv angesehen.

Aber schon Sutherland (l. c. 1870, pp. 514—516) gab von diesem Gestein in Natal eine solche Schilderung, dass unwillkürlich an die Mitwirkung von Eisthätigkeit bei der Bildung dieses Gesteines gedacht werden musste. In seinem obigen Aufsatze, der von Prof. Ramsay vorgelegt wurde, heisst es Seite 506:

„He belloves that the boulder-bearing clay of Natal is of analogous nature to the great Skandinavian drift ... that it is virtually a vast moraine of olden times and that ice in some form or other has had to do with its formation, at least so far as the deposition of the imbedded fragments in the amorphous matrix are concerned. He dwells particularly upon the fact that Prof. Ramsay has already assigned certain breccias of Permian age to glacial periods and agency and that there is good reason for referring the coal-bearing shale of Natal, into which this boulder-bearing clay passes almost imperceptibly, to the Permian system".

„For these various reasons, Dr. Sutherland submits that the Boulder-clay formation of Natal should be classed with the Permian glacial breccias of Prof. Ramsay".

In seinem „Report on the Camdeboo and Nieuweldt Coalfield 1879" hat Dunn auch betreffs der Dwykaconglomerate in der Kapkolonie seine Ansicht deutlich dahin ausgesprochen, „dass sie aus sandigen Thonschichten mit Steinblöcken bestehen und wahrscheinlich glacialen Ursprungs sind".

In seinem späteren „Report on a supposed extensive deposit of coal etc. 1886" giebt er diesem Dwykaconglomerat eine viel grössere Ausdehnung, indem er damit auch ein anderes Conglomerat, das sich, von der Mündung des Vaal-Flusses in den Oranje Fluss, südwestlich diesem entlang und dann gegen Westen ausbreitet und in der That Spuren glacialer Thätigkeit zeigt, identificiert. Seite 4 l. c. schreibt Dunn:

„Little by little further data have come to light and lately quite another complexion has been given to the geology of the central portion of this country by the discovery, that the glacial Conglomerate of the writer occurring on the northern side of the Karoo is identical with and a continuation of the Dwyka Conglomerate of the south of the Karoo".

Dann wird auf Seiten 6—9 das Dwykaconglomerat speciell besprochen und deutlich als vom glacialen Ursprung geschildert.

Dr. Gürich 1887, l. c. p. 262 spricht sich gegen den glacialen Ursprung aus; Dr. A. Schenck*) scheint (l. c. p. 6) der Ansicht vom glacialen Ursprung nicht entgegen zu sein; C. D. White betrachtet es als „glacial", Dr. Stapff spricht dagegen.

Ich muss aber hier noch auf einen Umstand hinweisen, nämlich auf die grosse Analogie dieser Ablagerung in Süd-Afrika, mit einer ähnlichen, die in Indien an der Basis des sog. Gondwána-Systems, das der Karooformation völlig analog ist, lagert und unter dem Namen Táltschirconglomerat bekannt ist; diese letztere wird auch in Indien als von glacialem Ursprung betrachtet.

Eine andere Analogie sind ähnliche Blockablagerungen in Australien, nämlich das Bacchus-Marshconglomerat in Victoria, und das (glaciale) Gerölle in den oberen marinen Schichten in N. S. Wales.

Über das mögliche Alter dieser Schicht spreche ich weiter.

b) Über dem Dwykaconglomerate (analog. Táltschirconglomerat in Indien) folgen die Ekkaschichten, sog. nach dem Ekkapasse nördlich von Grahamstown, in der östl. Kapkolonie. Sie reichen nördlich von den Zwarte- und Zuurbergen durch den ganzen südl. Theil der Gr. Karoo von Ost nach West. Es sind zumeist Schiefergesteine, und zwar von graubläulicher, grünlicher, grünlichbräunlicher Farbe; auch etwas Sandsteine und in einzelnen Lagen, so bei Camdeboo zwischen Graaf-Reynet und Beaufort West, ebenso bei Buffel's Kloof und am Buffels River, sind schwarzgefärbte, kohlenreiche Schiefer. Es sind dies die Schichten, die auf Bain's Karte (1852) mit 12 und 14 bezeichnet sind. Sie fallen, mit dem Conglomerat, gegen Norden ein.

Über ihre Petrefaktenführung spreche ich weiter; sie erinnern mich lebhaft an die Táltschirschiefer in Indien, denen dann als kohlenführende Schichten die Karharbárischichten unmittelbar auflagern.

Diese Ekkaschichten setzen aber auch nach Nord-Osten, entlang der östlichen Meeresküste, fort, und sind dann in Natal unter dem Namen der „Pietermaritzburg-Schiefer" bekannt. Griesbach (l. c. 1871, p. 57) schreibt darüber:

„The dark grey and blue shales of Pietermaritzburg, containing oxide of iron in great quantities, represent the Eccabeds of the great Karoo".

---

*) Ich glaube, wir haben auch nähere Berichte über das Dwyka-Conglomerat von Dr. A. Schenck noch zu gewärtigen. Siehe Anmerkung zum Schluss.

Sie sind dort von dem Natal Boulderbed od. Boulderclay (= Dwykaconglomerat) unterlagert.

Dr. A. Schenck erwähnt (l. c. p. 6), dass „in der Gegend von Grahamstown an einigen Stellen auch unter dem Dwykaconglomerat schwarze Schiefer von geringerer Mächtigkeit auftreten sollen".

Eine specielle Besprechung dieser Schiefer findet sich bei Dunn l. c. 1886, pp. 10—12.

c) Dort aber ist auch eine andere interessante Frage angeregt.

Gerade sowie Dunn das Dwykaconglomerat mit einem anderen im Norden der Karoo-Wüste abgelagerten glacialen Conglomerate identificiert, so thut er etwas Ähnliches mit den Ekkaschichten; diese identificiert er nämlich mit gewissen Schiefern in Griqua-Land West, besonders in der Umgegend von Kimberley, die ursprünglich von Stow (Qu. J. Geol. Soc. 1874, pp. 604 et sequ.) als Olive-Shales bezeichnet wurden.

Selbe sind jetzt, nach dem Vorgange von Green (l. c. 1883 und 1888, p. 244) besser als „Kimberleyschiefer" bekannt; richtiger wäre es, sie „Kimberleyschichten" zu nennen, da sie neben Schiefern auch Sandsteine enthalten. Sie lagern daher auch auf dem oben erwähnten glacialen Conglomerate, nördlich von der Karoo-Wüste.

Nun aber nimmt Green und mit ihm auch Prof. T. Rup. Jones eine Diskordanz zwischen den Ekkaschichten und den Kimberleyschichten (folglich auch den Beaufortschichten oder umgekehrt) an und betrachten beide Autoren die Kimberley-Schichten als ein höheres Glied, als die Ekkaschichten, voraussichtlich desswegen, weil jene in mehr horizontaler Lage sich befinden; und desswegen kommt es, dass Prof. T. Rup. Jones (1884, Geol. Magaz. October, pp. 476 et sequ.) auch unter den Kimberleyschichten noch ein zweites, nach seiner Eintheilung höheres, glaciales Conglomerat annehmen muss", das aber, wie ich schon erwähnte, von Dunn mit dem Dwykaconglomerate identificiert wird.

Die neueren Berichte von Dunn (1886) und von Dr. A. Schenck (1888) belehren uns aber darüber, dass die Kimberleyschichten mit den Ekkaschichten aequivalent sind, und dass die vermeintliche Diskordanz nur eine scheinbare ist.

Dunn (1886 l. c.) schreibt auf Seite 5, wie folgt:

„The position of the Diamond mines at Kimberley and the Free State is now proved to be in the Lower Karoobeds,[**]) and at the base of the series instead of in the Upper Karoobeds as hitherto supposed. — Another point solved is as to what becomes of the thick

---

[*]) In meiner Abhandlung „Über die Pflanzen- und Kohlenführenden Schichten etc. 1887" habe ich auf Seiten 45 u. 46. Prof. Jones Eintheilung angenommen und daher auch noch ein eigenes Glacial-Conglomerat unter den Kimberleyschiefern angeführt. Dr. A. Schenck's Arbeit war damals noch nicht veröffentlicht und von Dunn's Bericht konnte ich nur während des Druckes Notiz nehmen. Übrigens ist nur billig zu bemerken, dass Prof. T. R. Jones in seinem Aufsatze 1888 (Mining Journal) in einer kleinen Übersichtstabelle der Schichtenfolge der Karooformation bei den „Kimberleyshales and conglomerate", die er bei der „Lower Karooformation" einschliesst in Klammer bemerkt: „equivalent to the Eccabeds". — In der mir eingesandten Liste (1889) fand ich diese Bemerkung nicht vor.

[**]) Das ist Ekkaschichten = Dunn's Lower Karoobeds.

deposit of the black shales at Kimberley. Whit the key now possessed there is no difficulty in identifying them with the black shales and grafite occurring on the south side of the Karoo, at Buffels river".

Ebenso Seite 10:

„Only the edges of these blackshales are now exposed in natural sections, for they dip away, like the underlying conglomerate towards the central depression and so are lost from view".

„At the Diamond fields, where mining operations have caused these beds to be laid bare the black shales are found to be well represented".

„On the opposite side of the basin, as at Grahamstown, Mt. Stewart, Prince Albert, Buffels river etc. these shales reappear, more strongly represented in some places than in others but always recognisable and occurring just above the Dwykaconglomerate".

Mit Bezug auf die vermeintliche Diskordanz spricht sich Dunn folgendermassen aus, Seite 5:

„The true relation of the beds overlying the conglomerate, known as the Lower Karoobeds[*]) to the overlying Upper Karoobeds[**]) is also explained. These Lower Karoobeds were found folded and contorted up to a certain line and then the Upper Karoobeds, containing Dicynodons etc. were met with lying horizontally and it was concluded that they were unconformable and that the Lower Karoobeds passed under the Upper Karoobeds still contorted and undulating. This is proved not to be the case... Under the undisturbed Upper Karoobeds undisturbed Lower Karoobeds exist; for they are conformable, in fact from the Dwyka conglomerate through the Lower Karoobeds, the Upper Karoobeds and the Stormbergbeds, including their capping of volcanic rock, there appears to be no break or want of conformity whatever".

Ebenso deutlich spricht sich Dr. Schenck aus, in dem er l. c. 1888. Seite 6 schreibt:

„In der mittleren Kapkolonie nehmen die Ekkaschichten den grössten Theil der grossen Karroo ein, sie sind hier noch gefaltet, in grossen einfachen Wellen. In Natal sind die Ekkaschichten vertreten durch die Pietermaritzburgschiefer und in West-Griqualand durch die Kimberleyschiefer. Der Umstand, dass diese Schiefer in Natal und Griqualand sich in mehr horizontaler Lagerung befinden, ist die Veranlassung gewesen, dass man sie früher als jüngere Bildungen ansah, wie die Ekkaschichten und eine Diskordanz zwischen beiden annahm. In Wirklichkeit ist die Faltung am Südrande der Kapkolonie eine stärkere gewesen als in den weiter nördlichen Gebieten, wo nicht nur die den Ekkaschichten entsprechenden Pietermaritzburg- und Kimberleyschiefer, sondern auch noch die älteren Sandsteine der Kapformation in mehr horizontaler Lage sich befinden".

Ganz denselben Ansichten giebt Dr. A. Schenck in einem, am 3. Juni 1889 an mich abgesandten Briefe Ausdruck, aus dem ich folgende Stellen reproducire:

„Green hält[***]) an seiner damaligen (1883) Anschauung einer Diskordanz zwischen den Ekkabeds und Karroobeds (d. h. Beaufortschichten) noch fest und muss in Folge

---
[*]) Ekkaschichten.
[**]) Beaufortschichten.
[***]) In seinem Aufsatze 1888, Qu. Journ. Geolog. Soc.

dessen die Kimberleyschiefer von den Ekkaschichten trennen und als jüngere Bildungen ansehen".

„Der Grund wesshalb man die Diskordanz zwischen Ekkabeds und Beaufortbeds annahm, liegt darin, dass die Ekkaschichten im Süden der Cap-Colonie gefaltet sind, die Beaufortschichten, welche weiter nördlich hauptsächlich zu Tage treten, dagegen nicht. Da nun die Kimberleyschiefer auch horizontal lagern, so mussten sie von den Ekkaschichten getrennt und als jünger wie diese aufgefasst werden. In Wirklichkeit ist die Sache so. Die Ekkaschichten sind am Südrande der Cap-Colonie allerdings gefaltet, wie das unter ihnen lagernde Dwykaconglomerat und die karbonischen Zuurbergquarzite. Allein, die Falten nehmen nach Norden zu an Intensität ab und schliesslich treffen wir in der nördlichen Cap-Colonie, in Griqualand und Natal, nicht nur die Ekkaschichten, d. h. die denselben entsprechenden Kimberley- und Pietermaritzburgschiefer sondern auch das darunter lagernde Dwykaconglomerat und die noch älteren Bildungen der Capformation in horizontaler Lagerung".

„Gerade bei Aberdeen*) haben aber die Bohrungen, welche Dunn veranstaltete, da man in der Tiefe Kohle vermuthete, gezeigt, dass man überall durch horizontal gelagerte Ekkaschichten hindurch kam, von der früher supponierten Diskordanz zwischen diesen und den Beaufortbeds daher keine Rede sein kann".

Ist nun diese Annahme richtig, so ergiebt sich auch ohne Weiteres, dass die Ekka-Schichten und die Kimberleyschichten mit den Pietermaritzburgschiefern aequivalent sind, wie es ja schon Griesbach (l. c. 1871, p. 57) deutlich ausgesprochen hat, wenigstens mit Rücksicht auf die Ekkaschichten.

Auch Griesbach beschreibt in Natal (l. c. pp. 57 und 58) die konkordante Lagerung der Schichten.

Seite 58 schreibt er mit Bezug auf einen Durchschnitt zwischen Pietermaritzburg und Thornville wie folgt:

„The boulder-bed here, in the same way as in the other sections, passes gradually into the shales of Pietermaritzburg, which as I think belong to the lowest bed of the Karoo series".

Diese Schiefer übergehen dann dort in andere Schichten von Sandstein mit eingelagerten Schiefern, welche bei Ladysmith, Newcastle und im Tugelathale Kohle enthalten. Von dort stammt Glossopteris und dürfte diess eine Fortsetzung der Beaufortschichten aus der Kapkolonie andeuten.

Aus den oben angeführten Beobachtungen ergeben sich folgende Endresultate:

1. Die Diskordanz zwischen den Ekkaschichten und Beaufortschichten ist eine scheinbare.

2. Die Ekkaschichten im Süden der Karoo-Wüste sind aequivalent den Kimberleyschichten im Norden derselben, und den Pietermaritzburgschiefern in Natal.

---

*) Südwestlich von Graaf-Reinet.

3. Daraus erklärt sich ganz natürlich das Vorkommen des glacialen Conglomerates an der Basis der Kimberleyschichten — es ist daher kein zweites, höheres Conglomerat, wie es nach der früheren Eintheilung erschien, sonder dasselbe, wie das Dwykaconglomerat.

Die Petrefaktenführung bespreche ich weiter. Eine Übersichtstabelle möge in aufsteigender Ordnung die Verhältnisse in Süd-Afrika veranschaulichen, die sich nach dem Vorhergehenden für die *Untere Karoo-Formation* folgendermassen ergeben:

Kapkolonie im Süden der Karoo-Wüste	Im Norden der Karoo-Wüste, Griqualand u. Or. Free State	Natal
Ekkaschichten und Schwarze Schiefer. (Untere Karoobeds nach Dunn).	Kimberleyschiefer (Green). (Olive-Shales, Stow). (Besser: Kimberley-Schichten).	Pietermaritzburg-schiefer. (Griesbach).
Dwykaconglomerat (Dunn).	Glaciales conglomerat.	Boulder-bed (Griesbach) (Boulder-clay — Dr. Sutherland).

Petrefakte aus der „Unteren Abtheilung der Karooformation" (Ekkaschichten und Kimberleyschichten).

(„Lower-Karoobeds", nach Dunn, „Etage inférieur des Karoos" Moulle etc.; „Ekkabeds" nach Jones, „Grey and olive shales" nach Stow).

In der mir von Dr. A. Schenck übersandten Suite von Petrefakten aus Süd-Afrika waren auch einzelne Exemplare von Ekkaschiefer und von Kimberleyschiefer, vorhanden.

Der Ekkaschiefer stammte aus dem Ekkavalley, bei Grahamstown (Albany) in der östlichen Kapkolonie.

Die mir vorliegenden Stücke waren ein feinthoniger Schiefer von grauer, ins olivegrüne spielender Farbe, hie und da conkretionär, mit Spuren von Pflanzenfragmenten, die aber leider nicht genau bestimmbar waren; nur an zwei Stücken glaube ich Andeutungen einer genetzten Nervatur, nach Art der Gattung Glossopteris Bgt., erkannt zu haben.

Dem äusseren Aussehen nach erinnerten mich die Stücke ungemein lebhaft an die Táltschirschiefer der Tálschirgruppe in Indien; diess hat vielleicht weiter nicht viel zu bedeuten; doch ist hier nicht nur die eigenthümliche petrografische Coincidenz, sondern es tritt auch noch die stratigrafische hinzu, indem die Ekkaschiefer in S.-Afrika, sowie die Táltschirschiefer in Indien, über der eigenthümlichen Blockschichte (Dwykaconglomerat und Táltschirconglomerat), deren Ursprung als glacial angesehen wird, gelagert sind.

Aus diesen Ekkaschiefern selbst werden keine bestimmten Petrefakte angeführt, nur einzelne Andeutungen sind vorhanden.

Tate in seiner Abhandlung (1867 p. 142) erwähnt, offenbar nach Bain's Angaben, Pflanzenpetrefakte nur allgemein, in dem er sagt:

„1) The Ecca Beds. Hard blue shales (with Plant-remains, resembling those of the still higher Beaufort Beds) etc. . . ." Diese Angabe ist natürlich ohne weitere Bedeutung. Auch waren damals die Kimberleyschiefer noch nicht unterschieden.

W. T. Blanford in seiner Presidential Address, British Association, Montreal 1884 p. 14 führt an, dass „the Eccabeds are said to contain Glossopteris and some other plants, but the accounts are as yet somewhat imperfect". — Doch auch Herr Blanford unterscheidet noch nicht die Kimberleyschiefer und es kann wohl der Fall sein, dass die erwähnten Fossilien in diese Abtheilung gehören würden.

Dagegen haben wir über einige Petrefakte aus den sog. schwarzen Schiefern im Westen des Ekka-Passes, sowie aus den Kimberleyschichten (als Vertretern der Ekkaschichten) nähere Angaben.

In Herrn Dr. A. Schenck's Sammlung waren auch einige Exemplare von Kimberleyschiefer, und zwar von der De-Beers Mine in Kimberley selbst. Es ist ein feiner sandig-thoniger Schiefer von schwarzgrauer Farbe mit zahlreichen Glimmerblättchen durchsetzt; es waren darin mehrere Pflanzenfragmente, aber unbestimmbar.

Dem äusseren Habitus nach erinnerte mich dieser Schiefer ungemein an den Kohlenschiefer des Karharbári-Kohlenschichten in Indien, die ja auch dort zu den Táltschir-Schiefern in innigster Beziehung stehen, ja in der That als eine unmittelbare Fortsetzung derselben nach oben, betrachtet werden können.

Dr. Schenck erwähnt Glossopteris Browniana im allgemeinen, aus den Ekkaschichten; doch ist nicht zu ersehen, aus welchem Terrain die genannte Art angeführt ist, ob aus den Ekkaschiefern im S. der Karoo-Wüste oder aus den Kimberleyschiefern.

Dieselbe Art wird von Dunn aus den „schwarzen Schiefern" von Camdeboo angeführt.

Moulle führt dagegen zwei andere, wichtige Arten aus den Kimberleyschichten an, so dass die Petrefakte dieser Abtheilung sich folgendermassen stellen.

Filices.

Glossopteris Browniana Bgt.

1828. Brongniart, Histoire des végét. fossiles. p. 223. Pl. 62. f. 1.
1886. Dunn, Rep. on a supp. extens. depos. of coal etc. p. 11.
1888. Dr. A. Schenck, Geolog. Entwickel. Süd-Afrika's. Petermann's Mitheilungen 1888. VIII.

Diese Art wird in den oben angeführten Werken (1886, 1888) nur erwähnt; keine Beschreibung und auch keine Abbildung ist gegeben; doch ist kein Grund vorhanden, an der Angabe zu zweifeln.

Vorkommen: Dunn (l. c.), citiert diese Art aus den „schwarzen Schiefern" in Begleitung der Kohle, bei Camdeboo, westlich von Graaf-Reinet (im Gebiete der Ekkaschichten).

Dr. A. Schenck (l. c. 6) citiert selbe allgemein aus den Ekkaschichten (denen, nach seiner Ansicht, die Pietermaritzburg- und Kimberleyschiefer entsprechen), indem er sagt: „An Fossilien sind die Ekka-Schichten nicht sehr reich. Ausser Glossopteris Browniana enthalten sie an verschiedenen Stellen der Kapkolonie fossile Hölzer".

Gangamopteris cyclopteroides var. attenuata Feistm.
Taf. IV. f. 2.

1879. Feistmantel, Gondwána-Flora. Vol. III. Pt. 1, p. 14. nebst Figuren.
1885. Moulle, Mem. sur la Géologie génér. etc. de l'Afrique d. Sud, p. 41.

Diese Art ist ursprünglich von mir (l. c.) aus dem Karharbárischichten (im Karharbári, Daltongandsch und Határ Kohlenfelde) sowie aus den Táltschirschichten (im Káranpúra und Auranga Kohlenfelde) in Indien beschrieben worden und es ist nun interessant, diese Art auch in Süd-Afrika, in einem analogen Horizont wieder zu finden.

Die betreffenden Exemplare wurden von Herrn Bergingenieur A. Moulle bei Kimberley gesammelt; die Bestimmung geschah durch die Herren R. Zeiller und B. Renault in Paris; Moulle schreibt darüber (l. c. p. 41) folgendermassen:

„M. R. Zeiller a bien voulu, sur ma demande, examiner avec M. B. Renault deux empreintes provenant des grès' fins supérieurs à la couche de charbon et remises par moi au Muséum".

„Ces messieurs ont reconnu l'une des empreintes pour une feuille de grande taille de Noeggerathiopsis Hislopi Feistm., l'autre pour une fronde de Gangamopteris cyclopteroides var. attenuata Feistm."

Da es für mich von Interesse und Wichtigkeit war, Sicherheit über dieses Vorkommen zu besitzen, so wandte ich mich brieflich an Herrn R. Zeiller mit der Bitte, mir einige nähere Auskunft über die oben genannten Arten zukommen zu lassen. Herr Zeiller that dies mit grösster Bereitwilligkeit; er schreibt darüber wie folgt:

„Quant aux empreintes recueillies par M. Moulle dans le grès de Kimberley et signalées par lui dans son mémoire dans Annales des Mines il en a fait don au Museum et je ne puis par conséquent en disposer. Toutefois M. B. Renault ayant bien voulu me les communiques j'en ai fait des moulages en plâtre, que je me fais un plaisir de vous envoyer ; celui du Noegg. Hislopi est assez net; celui du Gang. cyclopteroides est moins bon en ce qu'on n'y distingue pas très nettement la nervation ou du moins les aréoles formées par les nervures. Si vous desirez une photographe je m'empresserai de vous la faire, dans l'espoire que vous y verrez peut-être plus distinctement les anastomoses des nervures, bien conformes d'ailleurs aux dessins publiés par vous dans la Palaeontologia indica".

Mit diesem Briefe hat er einen Gypsabguss dieser Art an mich übermittelt und später noch eine Photographie. Diesen beiden entstammt die hier gegebene Figur. Die Diagnose, die ich ursprünglich für diese Art gegeben habe, lautet:

„*Fronde oblongo- an ovato-spathulata, basi attenuata, amplexicauli, acuminata: nervis mediis inferiore in parte crassioribus, dehinc subarcuate radiatim eggredientibus, retis longa et angusta formantibus*".

Das vorliegende südafrikanische Stück stellt den Untertheil des Blattes, etwa das untere Drittel, dar, wo die Nerven in der Mitte stärker sind als die übrigen und gewissermassen einen Mittelnerv bilden, aber deutlich sieht man wie sie nach oben schwächer werden und wie sie sich radiär in die übrigen Nerven auflösen; auch von unten an sind die Seitennerven radiär steil ansteigend. Sie bilden langgezogene, schmale Netze. Der Untertheil des Blattes ist stark verengt, und wohl stengelumfassend gewesen.

Vorkommen in Süd-Afrika: Im feinen Sandstein oberhalb des Kohlenlagers bei Kimberley, Griqualand West. (nach Moulle).

Ausser in Indien kommt diese Art auch im N. von Tasmanien, im Mersey-Kohlenfelde vor.

Noeggerathiopsideae.

Noeggerathiopsis Hislopi. Feistm.
Taf. IV, f. 1.

1879. Feistmantel, Gondwána-Flora, Vol. III. Pt. 1. p. 20 et sequ. Ebenso Vol. III. Pt. 2 Vol. IV. Pt. 1. et 2.
1885. Moulle l. c. p. 41.

Auch diese Art wurde von Moulle, zusammen mit der eben beschriebenen Gangamopteris bei Kimberley gesammelt und von Zeiller und Renault als solche bestimmt. Mir liegen die gut gelungenen Abgüsse zweier Exemplare vor. Selbe sind von den indischen in nichts zu unterscheiden.

Diese Art war ursprünglich unter dem Namen *Noeggerathia Hislopi* Bunb. beschrieben worden, und stammte aus der oberen Abtheilung der sog. Damuda-Gruppe, in Indien, doch später fand sie sich auch in den tiefsten Schichten (Táltschir) des Gondwána-Systems, und ganz besonders häufig in den Karharbári-Kohlenschichten vor, wo sie, ebenso wie in den Táltschirschiefern zusammen mit *Gangamopt. cyclop. var. attenuata* vorkommt.

Bestimmte Gründe veranlassten mich, diese Blätter von der Gattung *Noeggerathia* abzutrennen, und sie in eine eigene Familie, unter dem Namen *Noeggerathiopsis* Feistm. zu stellen (sieh l. c.).

Fast zu derselben Zeit hat Schmalhausen[*]) ganz ähnliche Blätter unter dem Namen *Rhiptozamites* aus den Juraschichten am Altai (Kusnezk Bassin) beschrieben.

Das eine der beiden Blätter, das aber oben und unten abgebrochen ist, misst 19 cm Länge und $4^1/_2$ cm gr. Breite. Die Nerven gehen aus dem unteren Theile aus etwa 24 Hauptästen aus, die dann durch wiederholte Dichotomie, radiär, in das Blatt verlaufen.

In Grösse, Form und Nervenvertheilung entspricht dieses grosse Blatt vollständig dem von mir im 3ten Bande meiner Gondwána-Flora, Nachtrag zur ersten Abtheilung, Taf. XXIX, f. 1. abgebildeten Exemplare, das aus dem Karharbári-Kohlenfelde stammt.

Das andere, mir auch in Abguss vorliegende Exemplar, ist nicht so lang, breiter in Form, und gehört zu jener Abart, bei der die Nerven im Ganzen etwas stärker und von

---

[*]) Beiträge zur Juraflora Russlands. St. Petersburg 1879. pp. 29—81 etc.

einander mehr abstehend sind, wie es z. B. bei den von mir a. a. O. Taf. XXX. f. 5. 6. abgebildeten Exemplaren, die auch aus dem Karharbári-Kohlenbecken stammen, der Fall ist.

Es ist daher das Vorkommen von *Noeggerathiopsis Hislopi* Feistm. in Süd-Afrika ebenso interessant, wie das der *Gangamopteris cyclopteroides* var. *attenuata*, und sind wir vielleicht auf Grund dieses gemeinschaftlichen Vorkommens der beiden genannten Arten dazu berechtigt, die Ekka-Kimberley-Schichten als Repraesentanten der Táltschir-Karharbári-Schichten in Indien zu betrachten, zumal wenn wir das Verhältniss beider Gruppen zu den sie unterlagernden Conglomeratschichten (? glacialen Ursprungs) berücksichtigen.

Unter ganz ähnlichen Verhältnissen, d. i. in Gemeinschaft mit der oben beschriebenen *Gangamopteris*, tritt *Noeggerathiopsis Hislopi* Feistm. auch in N. von Tasmanien, im Mersey-Kohlenfelde auf.

Die Gattung selbst ist dann auch noch in Ost-Australien, nämlich in den unteren Kohlenschichten, bei Grota (unter marinen Thierresten) und in den oberen Kohlenschichten (Newcastlebeds) vertreten.

Vorkommen in Süd-Afrika: Im feinen Sandstein oberhalb des Kohlenlagers bei Kimberley, Griqualand W. (nach Moulle).

Mit Bezug auf die oben besprochenen Verhältnisse ergeben sich vielleicht für die Ekka-Kimberley Schichten folgende Equivalenzen:

Süd Afrika	Indien	N. S. Wales	Victoria	Queensland	Tasmanien
Ekka-Kimberley Schichten, mit Petrefakten. (Untere Karoof.).	Karharbári- und Táltschir-Schichten. (Unteres Gondwána S.).	Newcastle-beds (zum Theil).	Bacchus-Marsh Sandsteine.	Obere, vorwiegend Süsswassergruppe mit marinen Einlagerungen	Mersey-Kohlenschichten. (Obere Partie).
Dwykaconglomerat.	Táltschircon-glomerat.	Marine-Schichten mit Blöcken.	Bacchus-Marsh-conglomerat.	?	?

2. Mittlere Karooformation. — Beaufortschichten.

(Lower Karoo, nach Jones; „Étage moyen du Karoo" Moulle; Upper Karoobeds Dunn etc.).

Unmittelbar auf der Unteren Karooformation oder den Ekkaschichten (einschliesslich der Kimberleyschichten und Pietermaritzburgschiefer) liegt eine andere Schichtengruppe, die sog. Beaufortschichten oder die mittlere Karooformation; sie werden so benannt nach der Stadt Beaufort West, Hauptort der Grossen Karoo.

Diese Abtheilung nennt Jones „Lower Karoo", Moulle „Étage moyen du Karoo", Dunn „Upper Karoobeds", Cohen „Mittlere Abtheilung", Green „Karoo Beds".

Diese Schichten nehmen vorerst besonders die Mitte der Kapkolonie ein und schliessen die Nieuweveld (od Nieuwveld), die Snieuw (Schnee) Berge und die Winterberge ein und reichen nördlich bis zum 30° s. Br. hin. Sie sind hier besonders aus einer Wechselfolge von Sandsteinen, thonigen und sandigen Schiefern zusammengesetzt, wobei letztere an Mächtigkeit vorwalten; zumeist sind die Gesteine bunt gefärbt; die Sandsteine sind gewöhnlich feinkörnig, zumeist hellgrünlich, aber auch röthlich; die Schieferthone grünlich, grauviolett oder roth. Vielfach sind sie von eruptiven Gesteinen durchbrochen, die von Cohen (l. c. 1887 pp. 220 et sequ.) näher beschrieben wurden.

Diese Beaufortschichten führen ziemlich zahlreiche Petrefakto, und zwar Pflanzen bei Bloemkop am Sunday river (bei Graaf Reinet) und bei Fort Beaufort; dann Thierreste an vielen Lokalitäten. Diese siehe weiter.

Aber es scheint keinem Zweifel zu unterliegen, dass diese Abtheilung auch in Natal repraesentiert ist; ich habe diesen Umstand schon vorn erwähnt.

Die diesbezügliche Stelle lautet bei Griesbach (l. c. 1871 p. 57) folgendermassen:

„Further up, it passes gradually into sandstones of much the same lithological character as the Table-Mountain Sandstone, with intervening layers of shale, which at Ladysmith, Newcastle in the Tugela valley, etc. contain beds of coal".

Aus diesen Schichten kamen wohl die von Dr. Sutherland gesammelten Exemplare von Glossopteris, die ich vor mir habe, und die ich noch weiter erwähnen werde. Ebenso sammelte Dr. Sutherland Reptilienreste (Dicynodon ?).

Nicht ohne Interesse dürfte hier sein, aus T. W. „North's: Geology of Natal 1886" zu citieren. Dort heisst es, nach Besprechung des „Boulderclay":

„The next geological series is the Pietermaritzburg-shale into which the boulderclay insensibly passes and without any distinct line of demarcation, and on these shales is deposited the triassic formation containing the coalmeasures; these shales are in fact the lower portion of the triassic formation and beneath them no coal can be looked for".

„The triassic or carboniferous measures of Natal, in age, position and organic remains, differ materially from those in England; the fossil remains embrace several acrogenous plants and various reptilian forms, among which the Dicynodon, a near ally of the Indian species, is the most important; but the fauna of the European coalmeasures is entirely wanting".

Diese unteren kohlenführenden Schichten, die auf den Pietermaritzburg-Schiefern lagern, können wohl nur die Beaufortschichten der Kapkolonie repraesentieren, wozu die organischen Reste auch gut stimmen.

Auf Dunn's (1886) und Dr. A. Schenck's (1888) Karte wird man dann wohl den Beaufortschichten in Natal eine weitere Ausdehnung nach Nord-Ost bis in das Tugela-Thal geben müssen.

Petrefakte aus der „Mittleren Karooformation" oder aus den Beaufortschichten.

Die bis jetzt aus den Beaufortschichten bekannten organischen Überreste gehören Landpflanzen, sowie Land- und Süsswasserthieren an, und sollen selbe in dieser doppelten Weise besprochen werden.

Pflanzen.

Bis jetzt wurden Pflanzen aus den Beaufortschichten etwas näher beschrieben und abgebildet einzig in Tate's Abhandlung aus dem J. 1867. Doch sind die Identificierungen und Bestimmungen dort in manchen Fällen unzureichend und werde ich im Folgenden ihre wahre Stellung zu ermitteln trachten.

Ausser den von Tate a. a. O. beschriebenen Pflanzen, finden sich in den Sammlungen der Geological Society of London noch andere Exemplare vor. Diese befanden sich auch unter den mir von obiger Gesellschaft gütigst zur Benützung überlassenen Stücken, und bin ich so in den Stand gesetzt, nicht nur Tate's Originalbestimmungen theilweise zu korrigieren, als auch noch andere Arten hinzuzufügen, die für die Vergleichung der Beaufortschichten mit anderen von grossem Nutzen sein werden.

Die mir vorliegenden Exemplare stammen von folgenden Lokalitäten:

Bloemkop bei Graaf Reinet. Abdrücke im grünlich grauen Thonschiefer; einige in einem etwas härteren, sandigen Gestein.

Near Sunday river, Graaf Reinet. Dürfte ziemlich dieselbe Lokalität sein, wie die vorige. Gestein ähnlich.

Natal (ohne nähere Angabe des Ortes) — ein Stück schiefrige Kohle, mit zahlreichen Blattabdrücken — darunter sind die Originale zu Tate's Pl. VI. f. 2, 5, 7. (l. c. 1867), während die übrigen Originale, besonders jenes von Rubidgea Mackayi, nicht vorliegen.

Ein Pflanzenabdruck findet sich auch bei Bain (l. c. 1852) abgebildet, der aber nicht näher bestimmt ist.

Ich will nun versuchen, das vorliegende Material systematisch zusammenzustellen.

Equisetaceae (?),

Schizoneura (?) sp.

1852, Bain, l. c. p. 225, 227. Pl. XXVIII. f. 1.

Auf Tafel XXVIII f. 1. findet sich bei Bain ein Pflanzenrest abgebildet, der alle Beachtung verdient. Dr. J. D. Hooker, der auf Seite 227 diesen Rest bespricht, konnte ihn mit keiner ihm bekannten Pflanze vergleichen. Doch scheint mir, dass seine eigene Schilderung uns vielleicht zu einer Identificierung des Restes führen kann. Dr. Hooker schrieb damals:

„The general appearance of the plant is that of an elongated stem giving off at intervals whorls of linear, lanceolate, blunt leaves. These leaves are seven or fewer in a whorl; all are united at the base; are of unequal length and breadth; and are marked with six to ten, straight, undivided, unbranched, free ribs or veins, with intervening narrow grooves..."

Auf Seite 225 ist die Pflanze als Asterophillites? bezeichnet.

Wenn wir nun auf Dr. Hooker's Charakterik Rücksicht nehmen, und wenn wir die Abbildung als korrekt ansehen können, so haben wir vor uns eine Pflanze, die an einem, offenbar gegliederten Stamme, in den Gelenksgliedern Blattwirtel trägt; die Blätter sind aber an der Basis vereinigt, bilden daher eher Theile einer Blattscheide, die wohl früher zusammenhängend gewesen ist, und erst beim Auswachsen sich in die einzelnen Blattfetzen zerschlitzte. Solche Zerschlitzungen in weitere Blatttheile sind an zwei Blättern im unteren Wirtel der Fig 1 (Pl. XXVIII) angedeutet, und zwar an dem Blatte rechts unten und links oben, und es findet die Zerschlitzung genau längs den, in der Zeichnung dunkel dargestellten, Längslinien der Blätter statt — so dass wohl kein Zweifel daran ist, dass sich die einzelnen Scheidentheile, durch Spaltung entlang diesen Linien, in ebenso viele einzelne lineare Blättchen theilen könnten.

Diess sind alles Verhältnisse, die mich lebhaft an die Gattung Schizoneura erinnern, wie sie in den indischen Damuda-Pantschetschichten so häufig vorkommt, zahlreicher und in stärkeren Exemplaren in der ersteren Abtheilung.

Die aus Afrika vorliegende Pflanze scheint indess eine noch kräftigere Pflanze gewesen zu sein. Der Abdruck ist in der Weise erhalten, dass der Druck von oben erfolgte, weshalb die Blattwirtel über und auf einander zu liegen kamen, während die indischen Exemplare alle von der Seite her erhalten sind.

Die Zahl der einzelnen, die Scheidentheile zusammensetzenden Blättchen ist eine viel grössere, als bei der indischen *Schizoneura Gondwanensis* Feistm. und die Substanz des Blattes praesentiert sich viel dicker, lederartiger.

Eine Annäherung an dieses afrikanische Exemplar zeigen die von mir in meiner Damuda- und Pantschet-Flora (Gondwána-Flora Vol. III.) Taf. II. A. Fig. 2. und Taf. VIII. Fig. A. 2. abgebildeten Stücke, die bei einer ähnlichen Erhaltungsweise auch ähnliche Verhältnisse bieten könnten.

Ohne natürlich im Stande zu sein, nur aus der Zeichnung eine definitive Entscheidung fällen zu können, halte ich es für höchst wahrscheinlich, dass der in Rede stehende südafrikanische Pflanzenrest in der That zur Gattung *Schizoneura* Schimp. gehört, und würde ich für den Fall der Bestättigung dieser meiner Ansicht den Namen:

Schizoneura (?) africana n. sp.

vorschlagen. Eine Diagnose ist vorläufig entbehrlich.

Lokalität: Am Fisch-Flusse (Fish river) Roggeveld — also im Westen der Kolonie, und auch im westlichen Theil der Beaufortschichten.

Phyllotheca? sp.

1867. Tate, l. c. p. 41. Pl. V. F. 6.

Ein Fragment eines gerippten, scheinbar gegliederten Stammstückes wird zweifelhaft hieher gestellt. Nach der Zeichnung bei Tate lässt sich nichts weiter darüber sagen.

Lokalität: Im Schiefer bei Bloemkop (nahe Graaf Reinet), Beaufortschichten, Kapkolonie. — Dagegen befindet sich unter den Exemplaren der Geologl. Society, auch ein Stück, das ganz deutlich den Abdruck eines gegliederten und gerippten Stammstückes darstellt. Es ist nicht zu zweifeln, dass es ein Equisetaceenstamm ist, doch ist auch hier schwer zu entscheiden, zu welcher Gattung der Abdruck gestellt werden sollte, da im Gelenke gar keine Andeutungen von Blättchen oder Scheiden vorhanden sind.

Das betreffende Exemplar trägt folgende Aufschrift:
„(Calamites? Equisetites.?) Karoobeds with Plants (? locality), given by G. A. Rain Esqr. to Prof. T. Rupert Jones, on the formers last visit to England." — Dem Gesteine nach scheint mir das Stück aus den Beaufortschichten zu stammen.

Filices.
Glossopteris Browniana Brngt.
1828. Brongniart l. c.
1867. Tate l. c. Qu. J. Geol. Soc. XXIII. p. 140. Pl. VI. F. 5 a, 5 b, 7 a, 7 b.

Die von Tate abgebildeten, mir in Originali vorliegenden Exemplare scheinen deutlich zwei verschiedenen Formen anzugehören. Die in Fig. 5 a, 5 b sind jedenfalls auffallend verschieden von denen in Fig. 7 a, 7 b; die ersteren sind schmale Blätter, mit mehr engen Nervennetzmaschen, und erinnern vielmehr an die *Glossopteris angustifolia* Brgt. aus den Damudaschichten (Rànigandschgruppe) in Indien und an *Glossopt. linearis* Mc' Coy aus den Newcastlebeds, während nur das Exemplar Fig. 7 a (7 b vergrösserte Partie) bei *Glossopt. Browniana* Bgt. verbleiben könnte. Die Nervatur ist übrigens bei Tate nicht ganz richtig wiedergegeben.

Wir würden daher die Sache folgendermassen darzustellen haben:

Glossopteris Browniana Bgt.
Tafel IV. Fig. 4.
1867. Tate l. c. Pl. VI. F. 7 a 7 b.

Foliis mediocribus, retibus polygonalibus mediocribus, ad rhachim medianam conspicuam latioribus, marginem versus paulo angustioribus.

Diese Art hat eine ziemlich weite Verbreitung; sie ist in Indien im mittleren Gondwâna-System; in den Kohlenschichten von Tonkin, in den Newcastle Kohlenschichten, sowie in den tieferen Kohlenschichten in N. S. Wales, und auch in den Mersey-Kohlenschichten in Tasmanien (reicht vom Karbon bis in die Trias).

Vorkommen in S. Afrika: Beaufortschichten bei Fort Beaufort und Bloemkop, (bei Graaf Reinet) Kapkolonie; das von Tate abgebildete Exemplar aber stammt aus Natal, und ist auf dem mir vorliegenden Stücke vorhanden, wohl auch aus Beaufortschichten. Die Abbildung ist bei Tate nicht ganz zutreffend, weshalb ich eine verbesserte Ansicht nach dem Original, wiedergebe.

Glossopteris angustifolia Brongt.
Taf. IV. f. 5.
1828. Brongniart, Hist. d. vég. foss. Pl. LXIII. f. 1. p. 227.
1880. Feistmantel, Pal. Ind. Gondw. Fl. Vol. III. pp. 105—106 und viele Abbildungen.
1867. *Glossopt. Browniana* ex parte, Tate l. c. Pl. VI. f. 5 a, 5 b.

Foliis angustibus, elongatis, apice obtuse acuminatis, costa crassiuscula; nervis secundariis sub angulo subacuto exeuntibus, retia oblonga, costae proxima latiora, marginem versus angustiora formantibus.

Diess ist eine Art aus den Damudaschichten (mittleres Gondwána-System) in Indien; in Australien (Newcastlebeds) vertritt sie die *Glossopt. linearis* Mc' Coy.

Lokalität. Wie bei der vorigen. Die von Tate abgebildeten Blätter stammen von Natal, und sind mit der vorigen Art auf demselben Gesteinsstück vorhanden. Ich habe eine verbesserte Ansicht nach dem Originale wiedergegeben.

Das von Tate (l. c. p. 140—141, Pl. VI. f. 2 a, 2 b) als *Glossopteris Sutherlandi* beschriebene Blattfragment, das mit den vorhergehenden auf demselben Exemplare aus Natal sich vorfindet, glaube ich mit der vorigen, als *Glossopt. angustifolia* Brongt. bestimmten Art, vereinigen zu müssen, da in der That keine hinreichenden Unterscheidungsmerkmale vorhanden sind.

Auf dem erwähnten Stücke aus Natal sind auf beiden Seiten etwa 30 Blattabdrücke (grössere und kleinere Blattfragmente) erhalten, unter denen aber, bei genauer Vergleichung, wie ich glaube, nur die obigen zwei Typen unterschieden werden können.

Noch eine *Glossopteris* ist bei Tate abgebildet, die aber von ihm unter einem anderen Gattungsnamen beschrieben wurde, der in der Folge umsonst zu unrichtigen Folgerungen geführt hat.

Glossopteris Tatei n. sp.
Taf. IV. f. 8.

1867. *Dictyopteris simplex*, Tate, l. c. p. 141. Pl. VI. f. 6.

In seinem obigen Aufsatze hat Tate ein Blattfragment abgebildet, das er unter dem Namen *Dictyopteris* (?) *simplex* beschrieben hat. In Folge dessen wurde gerade dieser Rest früher auch als Beweis des karbonischen Alters dieser Schichten angeführt. Hiezu möge bemerkt sein, dass aus den Rádschmahál-Schichten in Indien, an deren Zugehörigkeit zur mesozoischen Gruppe nicht gezweifelt werden kann, früher auch eine *Dictyopteris* citiert wurde, die aber jetzt, wie wir wissen, zu *Dictyozamites* gestellt wird. Ebenso ist Tate's *Dictyopteris* aus den Beaufortschichten anders einzureihen. Denn was man heute unter *Dictyopteris* versteht, ist etwas ganz anderes, als was Tate's Fossil darstellt; dieses lässt auf ein ziemlich grosses, wenigstens 20 cm. langes Blatt von länglich ovaler Form schliessen, das eine deutliche, ziemlich starke Mittelrippe besitzt; aus dieser gehen beinahe horizontal die Seitennerven ab, und bilden grosse, polygonale Netzmaschen.

Bei *Dictyopteris* dagegen sind die einzelnen Blättchen viel kleiner, haben *Neuropteris* Habitus, eine Mittelrippe ist nicht vorhanden oder ist selbe nur rudimentär, und die übrigen Nerven strahlen radiär in das Blatt aus, Netzmaschen bildend. (Vrgl. Schimper, in Zittel's Handbuch d. Pal. II. Bd. 1. Lief. 1879, p. 117.) Auch ist bei *Dictyopteris* das Blatt wenigstens doppeltgefiedert, während Tate's Fossil ein einfaches Blatt darstellt.

Ich habe keinen Zweifel daran, dass hier eine *Glossopteris* vorliegt, und zwar eine Art aus der Gruppe der grossmaschigen Formen.

Täte gab (l. c.) folgende Diagnose, die ich lateinisch hier ausdrücke:
„*Fronde simplici, magna, oblonga, lata (?), nervis secundariis ex rhachide prominente aggredientibus retia elongato subquadrangularia formantibus.*"

Ich glaube in dieser Diagnose selbst, die als zutreffend angenommen werden kann, liegen Charaktere genug, die gegen die Einreihung bei *Dictyopteris* sprechen.

Die vorliegende Art kann, unter den schon bekannten Formen, einigermassen mit den breitmaschigeren Formen von *Glossopt. damudica* Feistm. verglichen werden; doch sind bei dieser die Maschen viel länger gezogen, und sind gegen den Rand viel schmäler.

Vielleicht könnte auch an *Glossopteris parallela* Feistm. aus den Newcastlebeds in N. S. W. gedacht werden; doch steigen bei dieser die Nerven steiler von der Mittelrippe auf, und auch sind die Maschen länger gezogen.

Ich schlage daher obigen Namen für diese Form vor.*)

Lokalität: Im braungrauen Schiefer v. Bloemkop (bei Graaf Reinet); Beaufortschichten

In der mir von der Geological Society zur Verfügung gestellten Sammlung sind noch folgende Arten enthalten.

Glossopteris communis Feistm.

1876. Feistmantel, Raniganj fossils; As. Soc. Bengal. Journ. Vol. XLV. p. 375. Pl. XX. f. 5.
1880. Feistmantel, Damuda and Panchetflora; Gondwána-Flora Vol. III. Viele Abbildungen.

Drei oder vier Exemplare eines Blattes liegen vor, das in der Beschaffenheit der Nervenmaschen vollständig mit der von mir beschriebenen *Glossopteris communis* aus Indien übereinstimmt.

Die Bruchstücke sind von mittelgrossen Blättern, haben eine deutliche Mittelrippe, aus der die Seitennerven unter einem Winkel von etwa 40°—45° ausgehen und sehr schmale Maschen bilden.

Lokalität: Drei Exemplare, die ich hieher stelle, stammen von Bloemkop, ein viertes trägt die Aufschrift: Near Sunday's river, Graaf Reinet.

An einem dieser Exemplare von Bloemkop befindet sich eine Namensbezeichnung, und zwar: „*Glossopteris Browniana* var. *Africana*". — Doch sind die Nervennetze viel schmäler, als bei *Glossopteris Browniana*, und die Charakteristik einer *Glossopt. Browniana* var. *Africana* existiert meines Wissens nicht.

Glossopteris stricta Bunb.

Tafel IV. f. 6., 6a.

1861. Bunbury, Fossil plants from Nagpur. — Qu. Journ. Geol. Soc. London. Vol. XVII. p. 381. Pl. IX. 6.
1880. Feistmantel, Damuda and Panchet Flora. Gondwána Flora. Vol. III. p. 100. Pl. XXXVII. A. f. 1—2; XXXVIII. A. f. 3.

---

*) Den Speciesnamen *simplex* habe ich nicht beibehalten können, da ja, soviel wir heute wissen, alle *Glossopteris*-Blätter einfach sind.

An einem Exemplare zusammen mit *Gl. communis* kommt ein anderes Blatt vor, das zwar nicht besonders deutlich erhalten ist, dennoch aber sich durch seine Merkmale als verschiedene Art offenbaret.

Das Blatt ist länglich, im Verhältniss zur Länge schmal, mit fast parallelen Seitenrändern, nur gegen die Spitze zu etwas sich verschmälernd. Die Mittelrippe ist deutlich ausgeprägt. Von dieser gehen die Seitennerven aus, die in dem unterscheidbaren Theile des Blattes fast ganz horizontale, längliche und schmale Netzmaschen bilden. Die Beschaffenheit der Maschen gerade an der Mittelrippe ist nicht deutlich zu sehen.

Trotz dieses Mangels in letzterer Beziehung hege ich keinen Zweifel, dass das vorliegende Blatt am besten mit der *Gl. stricta* Bunb. aus der Ránígandech-Kámthi-Gruppe in Indien übereinstimmt.

Lokalität: Im sandig thonigen harten Schiefer von bräunlichgrauer Farbe bei Bloemkop (bei Graaf Reinet); Beaufortschichten.

Glossopteris retifera Feistm.
Tafel IV. f. 3.

1880. Feistmantel, Damuda and Panchet Flora; Gondwána Flora, Vol. III. p. 103. Pl. XXVIII. A. f. 2, 7, 10. XLII. A. f. 9.

Ein Exemplar in der Sammlung der Geologl. Society trägt die Bezeichnung: „? *Dictyopteris simplex* Tate". Doch ist es weder das Original zu Tate's Figur (l. c. Pl. VI. f. 6.), noch gehört es überhaupt zu der von Tate abgebildeten Form. Auch brauche ich wohl nicht wieder von Neuem zu erörtern, dass es keine *Dictyopteris*, sondern eine *Glossopteris* ist. Doch unterscheidet sich das vorliegende Stück von der schon besprochenen *Glossopt. Tatei* wesentlich. Es ist ein mehr länglich spathelförmiges Blatt; die Mittelrippe ist deutlich ausgeprägt, wenn nicht sehr dick. Von dieser gehen die Seitennerven unter ziemlich spitzen Winkeln aus, und bilden polygonale, ziemlich grosse und ziemlich gleiche Netzmaschen, die auch gegen den Rand hin nicht viel kleiner werden. Die Blattspitze war, wie es scheint stumpf oder abgerundet.

Die einzige unter den schon bekannten Formen, mit der vorliegendes Blatt verglichen werden kann, ist die von mir beschriebene *Glossopteris retifera* Feistm. aus der Ránígandschgruppe in Indien, und zwar müssen hier besonders fig. 2, 7 und 10 auf Taf. XXVIII A. (l. c.) in Vergleichung gezogen werden.

Lokalität: Im bräunlich-grauen Schiefer bei Bloemkop (nahe Graaf Reinet), Beaufortschichten.

Glossopteris damudica var. stenoneura
Tafel IV f. 7, 7a.

1880. Vergl. *Glossopteris damudica* Feistm. Damuda and Panchet Flora. Gondwána Flora. Vol. III. p. 106. Pl. XXX A. 1—2, XXXI A. 1—3, XXXII. 1, XL A. 6.

Unter den vorliegenden Exemplaren befinden sich zwei Stücke, die als „*Rubidgea Mackayi* Tate" bezeichnet sind. Auf dem grösseren von beiden findet sich eine neuere Aufschrift wie folgt: "?? R. *Mackayi*; see Tate Qu. J. G. S. vol. XXIII. 1867. — The figure on the plate was taken from a drawing made of a specimen in Afrika".

Zu meinem Leidwesen ist aber keines der beiden Exemplare eine *Rubidgea*, wie sie von Tate beschrieben wurde, sondern, wie aus den genetzten Seitennerven, bei deutlicher Mittelrippe, zu sehen ist, gehören beide zu *Glossopteris*.

Das Blatt muss bei einer Breite von etwa 11 cm. wenigstens 36 cm. lang gewesen sein. Die Mittelrippe ist deutlich ausgeprägt, obzwar verhältnissmässig nur dünn, wenigstens, wie in den beiden vorliegenden Stücken zu sehen ist. Die Seitennervatur ist eine sehr charakteristische — und zwar stimmt selbe vollständig mit jener bei der von mir beschriebenen Art *Gl. damudica* Feist. aus Indien überein, nur dass die Netzmaschen durch das ganze Blatt hindurch enger sind. — Die von mir aus Indien abgebildeten Exemplare könnten gewissermassen als vergrösserte Ansichten der südafrikanischen Art angesehen werden.

Die von mir für *Gl. damudica* gegebene Diagnose lautet:

"*Fronds latissima obovata, apice obtusa an emarginata, rhachide crassa, nervis secundariis angulo subrecto ex rhachide aggredientibus, retia rhachidem versus breviora, trigonalia an polygonalia latiuscula, marginem versus oblongo-polygonalia, angusta formantibus*".

Diese Diagnose findet auf die süd-afrikanischen Blätter vollständig Anwendung nur mit dem Bemerken, dass die Blätter etwas kleiner und die Netzmaschen im Ganzen schmäler sind, weshalb ich sie als Varietät *stenoneura* der indischen *Gl. damudica* unterscheide.

Lokalität: Im bräunlichgrauen Schiefer, Bloemkop (nahe Graaf Reinet) Beaufortschichten.

Noch eine Art beschrieb Tate, von der aber das Original nicht vorlag.

Rubidgea Mackayi Tate.

1867. Tate, l. c. p. 141. Pl. V. f. 8.

"*Fronds oblonga, obovata, apice rotundata et obtusa, nervis secundariis tenerrimis confertis, dichotomis, obliquis. Anastomosi nervorum non indicata*". (Tate. — Hier lateinisch wiedergegeben).

In obiger Figur und obiger Diagnose hat Tate ein eigenthümliches Blatt bekannt gemacht, das ein einfaches Blatt zu sein scheint und wohl einen Farren darstellt. Das Blatt ist länglich oval oder vielleicht spatelförmig, mit stumpfer Spitze. Charakteristisch sind die Nerven. Eine Mittelrippe ist nicht wahrnehmbar; dagegen sind die Seitennerven sehr zahlreich, steigen steil auf, nähern sich in der Mitte des Blattes, einen Mittelnerven simulierend, und gehen von dort steil bogig zum Blattrande: sie sind dichotom, aber bilden, nach Tate's Angabe, keine Anastomosen.

Für die eigenthümlichen, auf der Blattfläche vorkommenden länglich ovalen, innwendig ausgehöhlten Körperchen, giebt Tate keine Erklärung, erwähnt sie überhaupt nicht, und kann ich mir desshalb auch kein näheres Urtheil erlauben, ausser, dass es, auf solchen Blättern mitunter vorkommende Blattpilze sein könnten.

Das Blatt hat seinem Habitus nach eine grosse Ähnlichkeit mit den Blättern von *Glossopteris* Bgt.; doch das Fehlen der Nervenanastomosen und der Mittelrippe schliesst die

Einreihung dort aus. Das Fehlen des deutlichen Mittelnerven erinnert an *Gangamopteris* Mc'Coy; doch auch bei dieser bilden die radiär ausgehenden Seitennerven Netze und dürfte eine Identificierung nicht möglich sein.

Für eine engere Verwandtschaft dieser Pflanze finde ich nur zwei Formen.

Vorerst ist es meine Gattung *Palaeovittaria*.*) Selbe besitzt einfache, wenn auch vergesellschaftete Blätter, bei denen ein Mittelnerv nur in der unteren Blattpartie zu sehen ist, während er unter der Mitte schon verschwindet. Die Seitennerven steigen steil auf, sind dichotom, ohne Netze zu bilden, und verlaufen direkt zum Rande, aber nicht so bogenförmig, wie bei *Rubidgea*.

Zeiller in seiner Flora von Tonkin **) (Taf. XI. f. 3. 8a.) hat einen ähnlichen Blattabdruck mit meiner *Palaeovittaria Kurzi* identificiert und könnte vielleicht *Rubidgea* auch dort eingereiht werden. *Palaeovittaria* in Indien stammt aus der Ránigandschgruppe der Damudaschichten (Mittleres Gondwána); in Tonkin kam sie in den Kohlenschichten vor, welche charakterische rhätische Pflanzen, neben solchen aus dem Gondwánasystem Indiens (mit Glossopteris Browniana Bgt. Noeggerathiopsis Hislopi Fst.) enthalten.***)

Die zweite Form, mit welcher *Rubidgea* zu vergleichen wäre, ist *Zamiopteris* Schmalh.,†) mit der einzigen Art *Zamiopt. glossopteroides*. Es sind auch längliche Blätter, ohne Mittelrippe, mit zahlreichen Seitennerven, die dichotom sind und keine Anastomosen bilden; selbe steigen steil auf, verlaufen bogig zum Rande; in der Mitte sind sie stark genähert, so dass sie einen Mittelnerven simulieren. Schmalhausen vergleicht sie mit *Glossopteris* und *Gangamopteris*; doch unterscheiden sie sich von der ersteren durch das Fehlen der Mittelrippe und der Anastomosen, von der letzteren durch den Mangel der Anastomosen. Ferner vergleicht sie Schmalhausen mit *Rhiptozamites Goepperti* Schmalh., doch glaube ich ist bei dieser letzteren Art der Verlauf der Seitennerven ein ganz verschiedener.

Zamiopteris glossopteroides Schmalh. stammt aus den kohlenführenden Schichten an der unteren Tunguska in Sibirien, die Schmalhausen als Jura betrachtet.

Mir würde die Einreihung der *Rubidgea* bei *Palaeovittaria* natürlicher erscheinen, zumal mit Rücksicht auf das Vorkommen in Tonkin; es scheint vielleicht keinem Zweifel zu unterliegen, dass wir es in beiden Fällen mit Farren zu thun haben.

Die afrikanische Art könnte vielleicht als *Palaeovittaria Tatei* unterschieden werden.

Vorkommen in Süd-Afrika: In den Beaufortschichten bei Bloemkop (nahe Graaf Reinet), Kapkolonie. Tate erwähnt aber auch noch East London; doch scheint diese Lokalität ausserhalb des Terrains zu liegen.

Übrigens muss ich hier noch bemerken, dass, wie schon vorn bei Besprechung der *Gl. damudica* var. *stenoneura* angeführt wurde, die Figur von *Rubidgea Mackayi* nach einer, von einem Exemplar in Afrika verfertigten Zeichnung, durchgeführt wurde.

---

*) Vergl. Feistmantel, Gondwána-Flora. Vol. III. 1881. p. 90—91. Pl. XLIV A.
**) Zeiller, Examen d. la Flore fossile d. couches d. charbon d. Tong-king 1882.
***) Vergl. Feistmantel, Über d. pflanzen- und kohlenf. Schichten etc. Sitzb. d. k. böhm. Gesellsch. d. Wissensch. Prag, Januar 1887. Seiten 90—93.
†) Schmalhausen: Beiträge zur Jaraflora Russlands 1879. Seite 88—91. T. XIV. f. 1—3.

Thiere.

Die Thierreste sind zwar etwas zahlreicher, als die Pflanzen, aber die Manigfaltigkeit ist bis jetzt auch keine grosse.

1. Mollusca.

Bei Bain (l. c.) finden sich einzelne Muscheln angeführt und zwar:
Iridina (?) *rhomboidalis* Sharpe.
1845—56. Sharpe in Bain, l. c. p. 225. Pl. XXVIII. f. 2.
Vorkommen: Im dunkelgrauen Schiefer bei Graaf Reinet; Beaufortschichten.
Iridina (?) *ovata* Sharpe.
1845—56. Sharpe, ibidem, p. 226. Pl. XXVIII. f. 3. et 4.
Vorkommen: Wie die vorige.
Cyrena ? sp. ?
1845—56. Bain, l. c. Pl. XXVIII. f. 7—9.
Vorkommen: Wie die obigen.

2. Crustacea.

Rupert Jones führt die Gattung *Estheria* an (Vergl. Geologl. Magaz. Dec. II. v. V. p. 100).

3. Pisces.

Zwei Arten von *Palaeoniscus* worden von Sir P. de M. Groy Etheridge in Bain (l. c. pp. 226, 227) auf Grund vereinzelter Schuppen angeführt, und zwar *Palaeoniscus Baini* (l. c. Pl. XXVIII fig. 26, 27, 31, 33, 34, 37, 38); *Palaeon. sculptus* (ibid. fig. 28—30, 32, 35, 36, 39, 40).

Selbe stammten von Stylkrantz in den Sneewbergen. Tate (l. c. p. 143) erwähnt *Palaeoniscus* auch noch von Spitzkop, nördl. von Beaufort W., bei Victoria West.

Ich habe nicht ermitteln können, ob sich diese Reste als solche bestätigten. — Dagegen führt Prof. Owen folgenden Fisch an.

Hypterus Baini Ow.

1876. Owen, Descript. and Illustr. Catal. etc. p. IX. (Introd.)

Ein heterocerker Fisch, verwandt mit *Amblypterus* und anderen *Ganoiden* der Kohlenformation.

Vorkommen: Beaufortschichten bei Alice, nahe Fort Beaufort, Kapkolonie.

Prof. T. Rup. Jones*) führt noch auch *Acrolepis* aus den Beaufortschichten, ohne nähere Angabe, an.

4. Reptilia.

Die Reste dieser Thiere sind die häufigsten. Prof. Owen hat sie zumeist beschrieben und in seinem „Catalogue of the fossil Reptilia of S-Afrika 1876" zusammengestellt. In

---
*) Mining Journal, December 1886.

diesem Catalog sind aber leider die Überreste sowohl aus den Beaufort- als aus den Stormbergschichten zusammen angeführt, ohne deutlich die beiden genannten Schichten separat zu unterscheiden.

Ich werde alle die Arten hier anführen und bei jenen, wo es sicher zu sein scheint, dass sie aus den Beaufortschichten stammen, werde ich es bemerken und durch einen dem Namen vorgesetzten Stern (*) ersichtlich machen. Tate (l. c. p. 143—144) hat die Thierreste getrennt aus diesen Schichtengruppen angeführt; doch ist seit dem so manches zugekommen und auch geändert worden; er führt z. B. aus den Stormbergschichten auch noch Dicynodon an, während von anderer Seite behauptet wird, dass Dicynodon in den Stormbergschichten nicht vorkomme. (Siehe weiter).

a) Dinosauria.

Tapinocephalus*) *Atherstoni* Owen.
    1876. Owen l. c. p. 1—6. Pl. I—V.
    Lokalität: „Jan Willem's Fontein; Gats Plaats, Spreuw Fontein, Prince Albert District." — Horizont nicht sicher.

Pareiasaurus**) *serridens* Ow.
    1876. Owen l. c. p. 6. Pl. VI. & VII.
    Lokalität: Blinkwater, Kapkolonie.

Pareiasaurus bombidens Owen.
    1876. Owen l. c. p. 9. Pl. VIII. IX.
    Lokalität: Vern Fontein, Kapkolonie.

Anthodon***) *serrarius* Owen.
    1876. Owen l. c. p. 14. Pl. XIII.
    Lokalität: Bushmans river, zwischen Grahamstown und Port Elisabet.

Diese drei letzten Arten scheinen überhaupt nicht aus dem Karoo Terrain zu stammen, sondern aus jüngeren Schichten, es sei denn, dass sie hingeschwemmt wurden.

b) Theriodontia.

*Lycosaurus†) *pardalis* Owen.
    1876. Owen, l. c. p. 15—17. Pl. XIV.
    Lokalität: Nach Owen „Sneewberge, S.-Afrika." — Wohl Beaufortschichten, denn die Schneeberge liegen in dem Terrain.

**Lycosaurus tigrinus* Owen.
    1876. Owen, l. c. p. 17. Pl. XV.
    Lokalität: Mildenhalls, Fort Beaufort, Kapkolonie. Wohl Beaufortschichten.

---

*) Ταπεινός (Gr.) = niedrig, zusammengedrückt, κεφαλή = Kopf.
**) Παρειά = Wange, Backe, Backentheil eines Helmes, σαύρος = Eidechse.
***) Ἄνθος = Blume; ὀδούς = Zahn.
†) Λύκος = Wolf; σαύρος = Eidechse.

Lycosaurus curvimola Owen.
1876. Owen, l. c. p. 71—73. Pl. LXVIII.
Lokalität: Owen giebt: „Kuga Berg, near Stewart's Farm". Wenn damit die Kooga-Berge, Ost-Süd-Ost von den Gr. Zwartenbergen gemeint sind, so wäre die Lokalität ausserhalb der Beaufortschichten, und ausserhalb der Karooformation überhaupt und erlaube ich mir in dieser Beziehung keine weitere Entscheidung.

Tigrisuchus) *rimus* Owen.
1876. Owen, l. c. p. 17. Pl. XVI.
Lokalität: Sneewbergo S.-Afrika. Beaufortschichten.

*Cynodracon **) serridens* Owen.
1876. Owen. l. c. p. 18. Pl. XVII.
Lokalität: Bowey's Farm, Fort Beaufort. Stylkrantz in den Sneewbergen. Beaufortschichten.

Cynodracon major Ow.
1876. Owen, l. c. p. 19. Pl. II.
Lokalität: Mildenhalls bei Fort Beaufort. Beaufortschichten.

*Cynochampsa ***) laniarius* Owen,
1876. Owen, l. c. p. 20—21. Pl. XIX.
Lokalität: Rhenosterberg, bei (südlich von) Colesberg. Beaufortschichten.

Cynosuchus†) suppostus Owen.
1876. Owen, l. c. p. 21—22. Pl. XVI.
Lokalität: Sneewberge, Kapkolonie. Beaufortschichten.

Galesaurus††) planiceps Owen.
1876. Owen, l. c. p. 23. Pl. XIX.
Lokalität: Rhenosterberg, Beaufortschichten.

Nythosaurus†††) larvatus Ow.
1876. Owen, l. c. p. 24. Pl. XX.
Lokalität: Owen giebt: „Tafelberg, Cape of Good Hope", ohne nähere Bezeichnung, was wohl zu der Vermuthung führen könnte, dass es der bekannte Tafelberg bei der Kapstadt sei. Indessen besteht aber dieser „Tafelberg" aus Tafelbergsandstein (palaeozoisch) und nicht aus der Karooformation. Der hier in Rede stehende „Tafelberg" dürfte vielleicht der in den Nieuweveld-Bergen gelegene sein (westlich von Beaufort-West), der im Terrain der Beaufortschichten sich befindet; doch führt Owen weiter nochmals einen „Tafelberg im Queenstown district" an, der südlich von den Stormbergen liegt, und auch ins Terrain der Beaufortschichten gehört.

---

*) *Τίγρις* = Tiger; *σοῦρος* = Krokodil.
**) *Κύων* (*κύνος*) = Hund; *δράκων* = Drachen.
***) *Κύων* = Hund; *χάμψα* = Egyptischer Name für Krokodil.
†) *Κύων* = Hund; *σοῦρος* = Krokodil.
††) *Γαλῆ* = Wiesel; *σαῦρος* = Eidechse.
†††) *Νῶθος* = undeutlich; *σαῦρος* = Eidechse.

Scaloposaurus constrictus Owen.
1876, Owen, l. c. 24—25. Pl. XVI.
Lokalität: Sneewberge, S.-Afrika; Beaufortschichten.
*Procolophon**) trigoniceps Ow.
1876. Owen, l. c. p. 25. Pl. XX.
Lokalität: Owen giebt abermals: "Tafelberg Cape of Good Hope". Dazu würden dieselben Bemerkungen zu machen sein, wie oben.
*Procolophon minor Owen.
1876. Owen, l. c. p. 26. Pl. XX.
Lokalität: Wie bei der vorigen Art; Beaufortschichten.
*Gorgonops***) torvus Owen.
1876. Owen, l. c. p. 27. Pl. XXI., XXII.
Lokalität: Mildenhalls, near Fort Beaufort; Beaufortschichten.

c) **Anomodontia.**

*Dicynodon †) laccrticeps Ow.
1876. Owen, l. c. p. 30—31. Pl. XXIII.
Lokalität: Owen giebt: "Tarka prolongation of the Winterberg range of mountains, Cape of Good Hope". — Diese Angabe ist nicht deutlich, da es zweierlei Winterberge giebt. Vorerst sind die Winterberge zwischen den Nieuweveldbergen und Schneebergen; liegen zwar im Terrain der Beaufortschichten, aber ich finde nichts von einer Bezeichnung Tarka dort. Dagegen ist weiter östlich der Gr. Winterberg (nördlich von Fort Beaufort) auch im Terrain der [Beaufortschichten; nördlich davon fliesst der Tarka-Fluss und ist die Tarkastad (westlich von Queenstown) und würde ich meinen, dass dort jene Lokalität zu suchen sei.
*Dicynodon leoniceps Owen.
1876. Owen, l. c. p. 32 et sequ. pp. 47—48. Pl. XXIV—XXVI; LXX.
Lokalität: "Gats river, Sneewberg mountain Range, District of Graaf Reinet". Terrain der Beaufortschichten.
*Dicynodon Bainii Ow.
1876. Owen, l. c. p. 36—37. Pl. XXIX, XXX—XXXII.
Lokalität: Fort Beaufort, S.-Afrika. Beaufortschichten.
*Dicynodon tigriceps Ow.
1876. Owen, l. c. p. 38. et sequ. Pl. XXXIII. etc.
Lokalitäten einige: Stylkranzt, Sneewberge; Graaf Reinet District; East Brak river, F. Beaufort; diese alle wohl im Gebiete der Beaufortschichten. Ausserdem ist angegeben: Gonzia river, Kafraria; diese Lokalität konnte ich nicht identificieren.

---

*) Σκάλοψ = Maulwurf; σαῦρος = Eidechse.
**) Πρό = vor; κολοφών = Spitze.
***) Γοργών = Gorgone (Medusa); ὄψ = Gestalt, Aussehen.
†) δίς = zwei; ὀνόδους = Spitzzahn.

Dicynodon pardiceps Ow.
1876. Owen, l. c. p. 42—43. Pl. XXXVIII. XXXIX.
Lokalität: Bei Fort Beaufort, S.-Afrika; Beaufortschichten.

Dicynodon rectidens Ow.
1876. Owen, l. c. p. 44. Pl. XL.
Lokalität: Bei Fort Beaufort, S.-Afrika; Beaufortschichten.

(?) *Dicynodon curvatus* Ow.
1876. Owen, l. c. p. 44.
Lokalität: Owen giebt: „Cradock, Elandsberg, South Afrika". Es ist vielleicht kein Zweifel, dass diess Exemplar auch aus den Beaufortschichten stammt; denn wenn auch Dunn auf seiner Karte (1886)*) Cradock an der Grenze der Eccabeds (Lower Karoo) und Beaufortbeds (Upper Karoo) angiebt, steht diese Lokalität nach Dr. A. Schenck's Karte** im Terrain der letzteren selbst.

Dicynodon feliceps Ow.
1876. Owen, l. c. p. 45. Pl. XLIII.
Lokalität: Fort Beaufort; Beaufortschichten.

Dicynodon testudiceps Ow.
1876. Owen, l. c. p. 45—46. Pl. XLIV.
Lokalität: „Tarka***) prolongation of the Winterberg range". Hier gilt wohl dasselbe, was schon oben bei *Dic. lacerticeps* gesagt wurde. Diess ist die Art, die Tate (l. c.) auch aus den Stormbergschichten anführt.

Dicynodon recurvidens Ow.
1876. Owen, l. c. p. 46. Pl. LXIX.
Lokalität: Fort Beaufort; Beaufortschichten.

Dicynodon dubius Ow.
1876. Owen, l. c. p. 46—47.
Lokalität: District Graaf Reinet; Beaufortschichten.

Dicynodon Murrayi Huxley.
1859. Huxley, in Quart. Journ. Geolog. Soc. London, Vol. XV. p. 555.
1867. Tate, l. c. p. 143.
Lokalität: Bel Colenberg; Beaufortsbichten.

Dicynodon simocephalus Weith.
1888. Weithofer (Ant.): Über einen neuen Dicynodonten aus der Karooformation S.-Afrika's. In: Annalen d. k. k. Naturh. Hofmuseums; Wien. Bd. III.
Lokalität· Herr Weithofer sagt nur: „aus der Karooformation" ohne nähere Fundortangabe.

---

*) Siehe Copie bei Stapff: Das glaciale Dwykakonglomerat 1889.
**) Petermann's Mittheilungen 1886.
***) Hier schreibt Owen „Tacka prolongation". Diess dürfte ein Druckfehler sein.

*Ptychognathus**) declivis Owen.
  1876. Owen, l. c. p. 48—49. Pl. XLV., XLVI.
  Lokalität: Rhenosterberg (südl. v. Colesberg); Beaufortschichten.
*Ptychognathus latirostris Ow.
  1876. Owen, l. c. p. 49. XLVI. etc.
  Lokalität: Rhenosterberg; Beaufortschichten.
*Ptychognathus boopis Ow.
  1876. Owen, l. c. p. 50. Pl. XLVIII. XLIX.
  Lokalität: Dieselbe. Beaufortschichten.
*Ptychognathus verticalis Ow.
  1876. Owen, l. c. p. 50—51. Pl. XLIX.
  Lokalität: Dieselbe. Beaufortschichten.
*Ptychognathus Alfredi Ow.
  1876. Owen, l. c. p. 51—53. Pl. L.
  Lokalität: Dieselbe. Beaufortschichten.
*Ptychognathus depressus Ow.
  1876. Owen, l. c. p. 53. Pl. LI.
  Lokalität: Stylkrantz, Sneewberge. Beaufortschichten.
Oudenodon) magnus Ow.
  1876. Owen, l. c. p. 56—57. LV., LVI., LVII.
  Lokalität: East Brak river, near Fort Beaufort. Beaufortschichten.
*Oudenodon brevirostris Ow.
  1876. Owen, l. c. p. 57—58. LVIII., LIX.
  Lokalität: Distrikt Graaf-Reinet. Beaufortschichten.
*Oudenodon Bainii Ow.
  1876. Owen, l. c. p. 58—59. LX., LVI.
  Lokalität: Bei Fort Beaufort. Beaufortschichten.
*Oudenodon prognathus Ow.
  1876. Owen. l. c. p. 59. Pl. LXI.
  Lokalität: Fort Beaufort, S.-Afrika. Beaufortschichten.
*Oudenodon Greyii Ow.
  1876. Owen, l. c. p. 59—60.
  Lokalität: Rhenosterberg (s. von Colesberg). Beaufortschichten.
*Oudenodon (?) strigiceps Ow.
  1876. Owen, l. c. p. 61. Pl. XLIV. f. 4.
  1845—56. Dicynodon, strigiceps Owen, Transact. Geolog. Soc. London. 2 d. ser. Vol. VII.
  Lokalität: „Taka***) prolongation of the Winterberg range of mountains".

---

*) Πτυχή (πτυχός) = Falte; γναθός = Kiefer.
**) Οὐδείς = keiner; ὀδούς = Zahn.
***) Soll wohl abermals „Tarka" heissen.

Oudenodon raniceps Ow.
 1876. Owen, l. c. p. 61.
 Lokalität: Owen führt East London an; dort sind aber Ekkaschichten. Der Horizont ist daher nicht sicher.

**Oudenodon megalopus* Ow.
 1876. Owen, l. c. p. 62. Pl. LXIII.
 Lokalität: Stylkrantz, Sneewberge. Beaufortschichten.

Theriognathus) *microps* Ow.
 1876. Owen, l. c. p. 62. Pl. LIII.
 Lokalität: Stylkrantz, Sneewberge, S.-Afrika. Beaufortschichten.

*Kistecephalus**) *microrhinus* Ow.
 1876. Owen, l. c. p. 63. Pl. LXIV.
 Lokalität: Stylkrantz, Sneewberge, S.-Afrika. Beaufortschichten.

**Kistecephalus leptorhinus* Ow.
 1876. Owen, l. c. p. 64. Pl. LXIV.
 Lokalität: Stylkrantz, Sneewberge, S.-Afrika. Beaufortschichten.

**Kistecephalus chelydroides* Ow.
 1876. Owen, l. c. p. 64. Pl. LXIV.
 Lokalität: Stylkrantz, Sneewberge. Beaufortschichten.

**Kistecephalus planiceps* Ow.
 1876. Owen, l. c. p. 64. Pl. LXIV.
 Lokalität: Dieselbe. Beaufortschichten.

**Kistecephalus bathygnathus* Ow.
 1876. Owen, l. c. p. 65. Pl. LXV.
 Lokalität: Dieselbe. Beaufortschichten.

Kistecephalus arctatus Ow.
 1876. Owen, l. c. p. 65. Pl. LXV.
 Lokalität und Horizont nicht bekannt.

*Endothiodon***) *bathystoma* Ow.
 1876. Owen, l. c. p. 66. Pl. LXVI. LXVII.
 Lokalität: Sneewberge. Beaufortschichten.

d) Labyrinthodontia.

*Petrophryne†) *granulata* Ow.
 1876. Owen, l. c. p. 67—68. Pl. XX.
 Lokalität: Owen sagt: „Tafelberg, Queenstown District"; im Terrain der Beaufortschichten (südlich der Stormberge).

---

*) θηρίον = Wildes Thier; γνάθος = Kiefer.
**) κίστη = Kiste; κεφαλή = Kopf.
***) Ένδοθι = inwendig; όδούς = Zahn.
†) Πέτρος = Stein, Felsen; φρύνη = Kröte.

Petrophryne (?) *major* Ow.
1876. Owen, l. c. p. 68—69.
Lokalität: „From the Southern margin of the Stormberg range." Diess könnte vielleicht auch aus den Stormbergschichten kommen.
Saurosternon Bainii Ow. (Batrachosaurus, Bain).
1876. Owen, l. c. p. 69. Pl. LXX.
Lokalität: Stylkrantz, Sneeweberge. Beaufortschichten.

Wenn wir nun die im vorigen erörterten palaeontologischen Verhältnisse ins Auge fassen, so ergeben sich folgende Resultate:

1. Die Beaufortschichten enthalten Pflanzenpetrefakte und Thierpetrefakte.
2. Es sind Land- und Süsswasserformen.
3. Unter den Pflanzen waltet die Gattung *Glossopteris* vor, und zwar sind es zumeist solche Arten, wie sie aus der Damuda-Gruppe in Indien auch schon bekannt sind. Ausserdem ist eine Pflanzenform bekannt, die ich als *Schizoneura* betrachten möchte, und eine andere die ebenso sehr an *Palaeovittaria* erinnert.
4. Unter den Thierresten walten Reptilien vor, und unter diesen ist wieder die Gattung *Dicynodon* besonders vorherrschend.
5. Es hat daher den Anschein, dass die Beaufortschichten in Süd-Afrika, die Damuda- und Pantschetschichten (mit Dicynodon) in Indien, repraesentieren.
6. Doch wenn wir etwas näher zusehen, finden wir, dass auch in Süd-Afrika die Pflanzen (*Glossopteris* etc.) bis jetzt aus Lokalitäten bekannt sind, die am Rande des Beaufortschichten-Beckens liegen, und wohl einem tieferen Horizont angehören, während die Dicynodonten der Hauptmasse nach wenigstens, in einem etwas höheren Niveau zu liegen scheinen, entsprechend etwa der indischen Eintheilung in eine Damuda- und Pantschetgruppe, wenn auch die Beziehungen beider, in beiden Ländern, ganz enge sind.
7. Die Beaufortschichten repraesentieren, wie wir gesehen haben, die mittlere Abtheilung der Karooformation; sind von jeher als eigene Abtheilung angesehen worden, die dann von den Stormbergschichten überlagert ist.

Diess beweist hinreichend, dass ich auch berechtiget war, die Damuda-Pantschet-Gruppe in Indien als die mittlere Abtheilung des Gondwâna-Systems aufzufassen.

Mit Bezug auf Australien ist es immerhin möglich, dass die Newcastlebeds, die über den oberen Marinen Schichten lagern, und die schon auch die Ekkaschichten (Táltschir-Karharbárischichten) repraesentieren, auch noch den Zeitraum ausfüllten', während dessen sich die Beaufortschichten in Süd-Afrika ablagerten.

Doch scheinen in beiden Ländern, ebenso wie in Indien, andere Verhältnisse obgewaltet zu haben.

In Süd-Afrika, so wie in Indien, entwickelt sich eine Schichtenreihe kontinuirlich aus der anderen — auf die Ekka-Kimberleyschichten folgen regelmässig die Beaufortschichten, die noch *Glossopteris* enthalten; ebenso in Indien auf die Táltschir-Karharbárischichten die Damuda-Pantschetschichten mit *Glossopteris*.

In Australien dagegen finden wir, dass nach Ablagerung der Newcastlebeds nicht nur Niveau- sondern auch gewisse klimatische Veränderungen stattgefunden haben. Die Vorgänge in dieser Zeit mögen dann der Zeit der Ablagerung der Beaufortschichten einerseits, und der Damuda-Pantschetschichten andererseits entsprechen. Mit Rücksicht auf das Alter kann man sich vielleicht „per inductionem" einen Schluss erlauben.

Die Ekka-Kimberleyschichten sind wohl als permisch anzusehen, besonders mit Bezug auf ihre Analogie zu den Newcastlebeds in N. S. Wales; sie unterlagern die Beaufortschichten; die, diese letzteren überlagernden Stormbergschichten werden sich, wie weiter gesehen wird, als oberste Trias (etwa Rhät) ergeben; es liegt daher der Schluss nur nahe, dass die Beaufortschichten die Trias repraesentieren — was demzufolge auch von der Damuda-Pantschetgruppe zu gelten hätte.

S. Afrika	Indien	Victoria	N. S. Wales
Beaufortschichten.	Damuda-Pantschet-Gruppe.	?	Niveau- und klimat. Veränderungen vor der Ablag. der Hawkesbury schichten
Ekka-Kimberley-schichten.	Taltschir-Karbarbári-Gruppe.	Bacchus-Marsh-Sandsteine.	Newcastlebeds.

3. Obere Abtheilung der Karooformation. — Die Stormbergschichten.

(„Stormbergbeds" nach Dunn und anderen; „Upper Karoobeds" nach T. R. Jones; „Étage supérieur du Karoo" nach Moulle; „Obere Abtheilung der Karoo-Formation" nach Cohen, „Moltenobeds" bei Green, etc.

Am weitesten nach Norden und Osten gerückt folgt in dem grossen Karoobecken ein Schichtenkomplex, der die Stormberge und Drakensberge einschliesst, sich durch das Basuto-Land und den oestl. Theil des Oranje Free State ausdehnt, und noch bis nach der Süd-Afrikanischen Republik hinüberreicht.

Es sind dies die Stormbergschichten, so benannt nach den Stormbergen, oder die obere Abtheilung der Karooformation.

Nach Dr. Schenck besteht dieser Komplex aus mächtigen Bänken hellgefärbter, weicher, zerreiblicher Sandsteine mit untergeordneten Schiefereinlagerungen.

An einzelnen Orten, so bei Molteno, Cyphergat und an der Indwe sind aus diesen Schichten Pflanzenpetrefakte bekannt, die im Weiteren beschrieben und abgebildet sind. Ausserdem aber führen sie Fische, Reptilien und auch einen Rest eines Säugethieres haben sie geliefert. Sie sind auch darum von Wichtigkeit, dass sie an den oben genannten Lokalitäten Kohle führen.

Dr. Schenck citiert diese Schichten mit Kohle auch aus Natal — so bei Dundee, Newcastle — diess mag richtig sein — aber ich möchte hier nur abermals darauf aufmerksam machen, dass in Natal, wie schon vorn erwähnt auch kohlenführende Schichten vorkommen, die eher den Beaufortschichten aequivalent sind, wie wenigstens aus dem Vorkommen der vorn beschriebenen Glossopteris-Arten geschlossen werden muss.

Auch hier durchbrechen Diabase und Melaphyre häufig die Schichten, und sind selbe besonders in den Gipfeln der Stormberge, Drakensberge, Malutiberge etc. zu finden.

Petrefakte der „oberen Abtheilung" der Karooformation. Stormbergschichten.

Aus dieser Schichtengruppe stammten die Pflanzenpetrefakte, die Herr Dr. A. Schenck mir gütigst zur Beschreibung überlassen hatte; und zwar stammen selbe aus den Kohlenschichten bei Molteno, Cyphergat und an der Indwe, in den Stormbergen.

Aus den Stormbergschichten überhaupt werden bis jetzt Thierreste und Pflanzenpetrefakte angeführt; doch sind die Angaben nicht überall ganz sicher und will ich trachten, dieselben etwas kritisch zu beleuchten.

Thierreste.

Von Thierresten werden Säugethiere, Reptilien und Fische angeführt; ich will selbe hier wiedergeben, wie selbe in der Literatur vorkommen.

1. Mammalia.

Tritylodon*) longaevus. Owen.

1884. Owen, Quart. Journal Geologl. Society London, Vol 40. pp. 146—161. Pl. VI

Dieses Fossil ist von grossem Interesse, besonders wegen der ziemlich guten Erhaltung. Zahnformel: Schn. $\frac{2-2}{2.2}$, Back. $\frac{6-6}{6-6} = 32$. Das Fossil zeigt eine Verwandtschaft zu Microlestes Plien. (Keuper) und Stereognathus Charlesw. (Oolite, Oxford).

Lokalität in S.-Afrika: Thaba-chou (Thaba-Nschu), Ost Oranje-Frei Staat (oestl. von Bloemfontein). (Die Formation wird als „Triassic" bezeichnet).

2. Reptilia.

Hier sind die Angaben die unsichersten; während Tate**) mehrere dieser Reste anführt, darunter auch Dicynodon, behauptet neuerlich R. Jones***), dass in den Stormbergshichten keine Dicynodonten vorkommen. Ich kann natürlich nicht beurtheilen, wer da im Recht ist; Owen in seinem Catalogue führt keine Reptilien speciell aus den Stormbergschichten an; obzwar er später auch einen Labyrinthodontenrest beschrieb.

Die von Tate angeführten Reptilien, sind folgende:

Dicynodon testudiceps Ow. (?)

1867. Tate, l. c. p. 144.

---

*) *Τρίτος* = Drei; *τύλος* = Höcker; *ὀδούς* = Zahn.
**) Quart. Journ. Geol. Soc. XXIII. p. 144.
***) Quart. Journ. Geol. Soc. 1884. p. 152. Diskussion.

Lokalität (nach Tate): Aus dem Modderflusse (der den Oranje-Free State durchfliesst und sich in den Hart river ergiesst).

Der Fluss fliesst zwar im Terrain der Stormbergschichten, aber ich muss abermals hervorheben, dass T. Rupert Jones ausdrücklich behauptet, dass in diesen Schichten kein Dicynodon vorkomme.

Euskelesaurus Browall Huxl.

1867. Tate, l. c. p. 144.

Lokalität: Alival North, nördlich von den Stormbergen. (Diess ist nahe an der Grenze der Beaufort- und Stormbergschichten, unterhalb des Zusammenflusses des Kraai und Oranje-Flusses)

Cynochampsa laniarius (?) Ow.

1867. Tate, l. c. p. 144.

Lokalität: Harrismith, oestl. Oranje Freistaat, Westabhang der Drakensberge.

Die nur generisch genannten Reste führe ich hier nicht an.

Dagegen hat Owen neulich folgende Art beschrieben.

Rhytidosteus*) capensis Ow.

1884. Owen: On a Labyrinthodont Amphibian, from the Trias of the Orange Free State. — Quart. Journ. Geol. Soc. Vol. 40. pp. 333—339. Pl. 16, 17.

Diess ist ein ziemlich gut erhaltener Labyrinthodontenrest.

Lokalität: Beersheba, bei Smithfield (südl. von Bloemfontein) Oranje Frei-Staat. (Wird auch als triasisch bezeichnet).

3. Pisces.

Von Fischen wurden erst neuester Zeit zwei interessante Arten beschrieben und die Lokalitätsangaben sind so bestimmt, dass kein Zweifel darüber herrscht, dass sie aus den Stormbergschichten kommen.

Semionotus capensis Sm. Woodw.

1888. Smith Woodward: On two New Lepidotoid Ganoids from the early Mesozoic deposits of Orange Free-State, South-Africa. — Quart. Journ. Geolog. Soc. XLIV. 1888. pp. 138—140. Pl. VI. fig. 1—5.

Sm. Woodward bildet die hintere Hälfte des Körpers, eine Schwanzflosse, den Kopf und einzelne Schuppen ab. Aus der Beschreibung geht hervor, dass der vorliegende Fisch den Gattungen *Lepidotus* und *Semionotus* ganz nahe verwandt ist, und zwar mit der letzteren in dem Grade, dass keine generischen Abweichungen von Belang wahrzunehmen sind, weshalb er zu dieser Gattung gestellt wird.

---

*) 'Pvtis = Runzeln; ὀστέον = Knochen.

Semionotus hat seine Verbreitung in der Trias und im Ithät. [*]
Lokalität in S.-Afrika: Stormbergchichten, im Drakensberge, Orange Free-Staate.

Cleithrolepis Extoni Sm. Woodw.

1888. Smith Woodward, l. c. p. 141—142. Pl. VI. f. 6—7.

Die Abbildungen stellen einen fast ganzen Fisch und einen Kopftheil dar. Die Reste sind mit *Dapedius*, *Heterostrophus* und *Tetragonolepis* verwandt, aber alle generischen Merkmale stellen selbe zu der australischen Gattung *Cleithrolepis* Egerton, welche nach Sm. Woodward ebenfalls zu den *Dapediiden* die nächste Verwandtschaft besitzt, während sie früher zu den *Platysomiden* oder auch zu den *Pycnodontiden* gestellt wurde; letztere Einreihung findet sich auch noch bei Zittel.[**]

Lokalität in S.-Afrika: Stormbergschichten, Rouxville (südl. von Smithfield) Orange Free-State.

Das Vorkommen dieser Art in den Stormbergschichten ist insofern von Interesse, als dieselbe Gattung in den Wianamatta-Hawkesburyschichten in N. S Wales vorkommt (Art: Cleithrolepis granulatus Egert.), mit denen übrigens die Stormbergschichten auch durch ihre Pflanzenreste in nahe Beziehung gebracht werden. Herr W. T. Blanford, der in dieser Richtung stets eine besondere Vorsicht beobachtet, äusserte sich mit Rücksicht auf diesen Fisch nach dem, über die Discussion (Quart. Journ. Geologl. Soc. London, XLIV. 1888. p. 209.) gegebenen Referate folgendermassen: „Mr Blanford noticed ... etc." „With regard to Mr. Smith Woodward's paper, the occurence of *Cleithrolepis* in the Stormbergbeds and in Australia tended rather to increase the probability of the Stormberg subdivision being Post-Triassic; for the genus occurred in the Wianamatta as well as in the Hawkesburybeds und the former were probably Jurassic".

Noch ist zu bemerken, dass die *Lepidotoiden* und *Dapedioiden*-Fische (Lepidotus calcaratus, pachylepis, breviceps et longiceps; Dapedius Egertoni; Tetragonolepis analis, Oldhami und rugosus) ziemlich zahlreich in Indien, im oberen Gondwána-System (im Kota-Maléri Horizont, in den Cent. Provinzen) vertreten sind, in Schichten, die als Posttriasisch angesehen werden.

Doch nach ihren stratigraphischen Verhältnissen dürften die Stormbergschichten etwas tiefer zu stellen sein.

Pflanzenreste.

Von Pflanzenresten wurde bis jetzt nur wenig bekannt gemacht. T. Rup. Jones in Tato (l. c. p. 144., Nro. 7.) erwähnt, dass Dr. P. C. Sutherland *Glossopteris* und andere Fossilien in den oberen Schichten der Kohlengruppe in Natal gesammelt hatte, und bezieht sich dabei auf Dr. Sutherland's Notiz in Quart. Journ. Geol. Soc. London, Vol. XI. p. 466. Dort aber finde ich keine ähnliche Bemerkung. Ich glaube, es sind die *Glossopteris*-Arten, die schon früher besprochen wurden, die aber eher den Beaufortschichten angehören.

---

[*] Vergl. Zittel Handb. d. Palaeontologie, 1. Abth. Palaeozoologie. III. Bd. 1. Lfg. 1887. p. 204.
[**] Zittel, l. c. p. 245.

Dunn in seinem „Report on the Stormbergcoalfield 1878", führt an: *Pecopteris odontopteroides* Morr., *Cyclopteris cuneata* Carr. *Taeniopteris Daintreei* Mc'Coy.

Von diesen ist *Pecopteris odontopteroides* Morr. = *Thinnfeldia odontopteroides* Fstm. (Morr. sp.) *Cyclopt. cuneata* Carr. scheint überhaupt zweifelhaft; und *Taeniopt. Daintreei* Mc'Coy soll, wie ich vermuthe, eher *Taeniopt. Carruthersi* Ten. Woods sein.

In einem späteren Aufsatze*) erwähnt Dunn abermals:
Sphenopteris elongata Carr. (die in Queensland und Tasmanien vorkommt in mesozoischen Kohlenschichten).
Pecopteris odontopteroides Morr. (wie oben).
Cyclopteris cuneata Carr. (wie oben).
Taeniopteris Daintreei Mc'Coy (wie oben).

Das von Dr. A. Schenck mir zur Verfügung gestellte Material wird uns vielleicht in den Stand setzen, die fossilen Pflanzenreste der Stormbergschichten etwas näher kennen zu lernen.

1. Equisetaceae.
Stammfragment.
Taf. III. f. 9.

Auf Tafel III. f. 9. ist ein Stammfragment abgebildet, das deutlich gerippt ist und am unteren Theile so aussieht, als wenn eine Gliederung, wie sie bei den Equisetaceen vorkommt, dortselbst vorhanden wäre. An eine Identificierung und nähere Bestimmung des Restes ist unter diesen Verhältnissen wohl nicht zu denken; man könnte sich höchstens an einen *Schizoneura* (z. B. *hoerensis*) oder *Phyllotheca*- Stamm erinnert fühlen.

Lokalität: Über dem Kohlenlager an der Indwe, Stormberge; Stormbergschichten. (Auf gelblich-grauem, feinthonigem Schiefer; auf der Unterseite des Stückes Rippelmarken).

2. Filices.
Sphenopteris elongata Carr.

1872. Carruthers, in Daintree Geology of Queensland; Quart. Journ. Geolog. Soc. London. Vol. XXVIII. p. 355. Pl. XXVII. f. 1.

1888. Dunn, Erwähnung, in Transact. et Proc. Roy. Soc. Victoria. XXIV. 1888.

1888. Ebenso, Szajnocha: Über foss. Pflanzenreste aus Cacheuta in der argentinischen Republik. — Sitzungsb. d. k. k. Akad. der Wissen. Wien. Mathem. Naturw. Cl. Bd. XCVII. p. 223. Taf. II. f. 2a.

Diese Art wurde ursprünglich von Carruthers aus den (mesozoischen) Kohlenschichten von Tivoli, Queensland, beschrieben, wo sie nach Angabe Carruther's mit *Pecopteris odontopteroides* Morr. eine der häufigsten Formen bildet. Unter ähnlichen Verhältnissen kommt sie in

---

*) Notes on the occurrence of Glaciated pebbles and Boulders in the so called mesozoic conglomerate of Victoria — Trans. et Proc. Roy. Soc. Victoria XXIV. 1888. pp. 44—46.

den mesozoischen Kohlenschichten (Jerusalemschichten)*) in Tasmanien (mehrere Lokalitäten) vor. Es ist daher ganz gut möglich, dass sie auch in den Stormbergschichten Süd-Afrika's vorkommen sollte, wo *Thinnfeldia* (Pecopteris) *odontopteroides* Feistm. (Morr.) auch sehr zahlreich anftritt; doch lag sie mir unter den von Dr. A. Schenck geschickten Petrefakten nicht vor. Dagegen ist es interessant zu konstatieren, dass selbe auch von Prof. Szajnocha (Ladisl.) unter den Pflanzenresten von Cacheuta, Argentinische Republik, bestimmt wurde. Ein Fragment, das dieser Art anzugehören scheint, liegt mir auch aus den Hawkesburyschichten, N. S. Wales vor.

Carruthers gab folgende Diagnose (Ich gebe selbe lateinisch):

Fronde dichotoma, divisa; divisionibus irregulariter pinnatis; pinnis simplicibus, bifurcatis an irregulariter pinnatis; segmentis angustis, linearibus, apicem subobtusam versus attenuantibus; nervo medio singulo, nervos simplices, medianam partem segmentorum percurrentes, emittente.

Lokalität in S.-Afrika: Stormbergschichten; (ohne nähere Ortsangabe, nach Dunn).

Thinnfeldia odontopteroides Fstm. (Morr. sp.).
Tafel I. f. 1—6; Tafel II. f. 1—3; Tafel III. f. 8.

1845. *Pecopteris odontopteroides* Mooris in Strzelecki, N. S. Wales and Van Diemensland, p. 249. Taf. VI. f. 2., 3.
1872. *Pecopteris odontopteroides* Carruthers, l. c. p. 355. Taf. XXVII. f. 2., 3.
1875. *Odontopteris Morrini* Crépin: Notes sur le Pecopteris odontopteroides. — Bull. de l'Acad. Roy. de Belgique XXXIX. pp. 258—263 mit Tafel.
1876. *Thinnfeldia crassinervis*, Geinitz: Über rhät. Pflanzen- und Thierreste, in d. argent. Provinzen La Rioja etc. p. 4. Taf. I. f. 10—16.
1878. *Thinnfeldia odontopteroides* Feistmantel, Pal. et mesoz. Flora d. oestl. Australien pp. 80, 89, 105, 108. Taf. XIII., f. 5., XIV. 5. XV. 3—7. XVI. 1.
1879. Ebenso, Nachtrag pp. 165—169. Taf. IX., X., XI.
1884. Ebenso, Tenison Woods, On the foss. Flora of the Coal deposits of Australia p. 103.
1885. Ebenso, Johnston, General Observations regarding the Classification of the upper Palaeozoic a. mesozoic Rocks of Tasmania etc. p. 28.
1878. Dunn Report on the Stormberg Coalfield (Vergl. Feistmantel, Sitzb. der k. böhm. Gesellsch. der Wissenschaften, 1887, p. 42).
1888. Dunn, in Transact. et Proc. Roy. Soc. Victoria XXIV. pp. 44—46.
1888. *Thinnfeldia odontopteroides*, Szajnocha, l. c. pp. 228—230. Taf. I. f. 1, 2, 3, 4a.

Diess ist eine sehr weit verbreitete Art, und auch unter den Stormberg-Pflanzen ist sie sehr zahlreich vertreten, und zwar in sehr verschiedenen Entwickelungsstadien, die dieser Pflanze auch anderorts eigen sind.

---

*) Vergl. M. Johnston, 1885 in Feistmantel: Über d. geol. et palaeont. Verhält. des Gondwána-System in Tasmanien etc. Stab. d. königl. böhm. Gesellsch. d. Wissensch. Prag, 1889. (7. Decemb. Stern. 845 und ff.)

Ursprünglich wurde diese Pflanze von Morris aus dem „Jerusalem basin" in Tasmanien, als *Pecopteris odontopteroides* beschrieben, und zwar wurde sie damals, wie alle übrigen von Morris (l. c.) beschriebenen Pflanzenreste als Steinkohlenpflanze betrachtet; und obzwar schon 1872 Herr Carruthers dieselben Reste aus den mesozoischen (oolitischen) Schichten von Tivoli beschrieben hat, wo sie zusammen mit *Sphenopteris elongata* Carr. vorkommt, hat sie dennoch Crépin (l. c.) im J. 1875 abermals als aus den karbonischen Schichten kommend, angeführt, und sie sogar zu *Odontopteris* gestellt, und vorgeschlagen, sie *Odont. Morrisi* zu nennen, während er doch deutlich angiebt, dass auf denselben Exemplaren auch *Sphenopteris elongata* Carr. sich befindet, eine Vergesellschaftung, wie sie oben aus Queensland angeführt wurde. — Heute unterliegt es keinem Zweifel mehr, dass die Jerusalemschichten in Tasmanien (kohlenführend) mesozoisch sind. Im Jahre 1876 hat Prof. Geinitz aus der argentinischen Provinz San Juan eine *Thinnfeldia crassinervis* beschrieben und sie als die häufigste Pflanze in dem kohligen Sandschiefer von Mayres, Provinz San Juan bezeichnet. Schon in meiner Foss. Flora von Australien 1878 p. 106 und 1879 (Nachtrag) Sten. 167—168 habe ich auf die Ähnlichkeit dieser Art mit den australischen Formen hingewiesen, und Prof. Szajnocha in seiner oben angeführten Arbeit vereinigt *Thinnf. crassinervis* ohne weiters mit *Thinnf. odontopteroides*. Diesen Namen habe ich zuerst in meiner fossilen Flora v. Australien 1878 (l. c.) eingeführt[*]) und habe dort diese Pflanze aus den Tivoli-Ipswich Schichten in Queensland, aus den Wianamattaschichten in N. S. Wales, und aus Tasmanien angeführt: im Nachtrag habe ich schöne Exemplare aus den Hawkesburyschichten (Mt. Victoria) in N. S. Wales beschrieben und abgebildet. Aus Süd-Afrika, und zwar aus den Stormbergschichten wurde diese Art zuerst von Dunn (1878, l. c.) angeführt, ohne weitere Beschreibung.

In Indien habe ich diese Art auch in den Panchetschichten des Ramkola und Tatapáni Kohlenfeldes (in Tschutia Nágpur) und in gewissen Übergangsschichten im Süd-Rewah Gondwána Becken konstatieren können. Beide erwähnte Vorkommen rechne ich zu der mittleren Abtheilung des Gondwána-System.

Ich bilde nun aus den Stormbergschichten zahlreiche Exemplare ab; die meisten von ihnen stimmen am besten mit den von Geinitz (l. c.) gegebenen Figuren der *Thinnf. crassinervis* ab, so besonders die Exemplare Taf. I. f. 3, 5 (rechts oben, links unten) und Taf. II. f. 8; andere wieder mit Carruthers' Abbildungen (l. c.), so Taf. I. f. 3 (rechte Figur) f. 4, Taf. II. f. 3; ebenso stimmen sie mit meinen Abbildungen (Australflora 1878 Taf. XV. f. 5, 6, 7) aus Queensland (Ipswich) und Tasmanien gut überein. Die Blättchenform variiert ziemlich stark; selbe sind bald klein und rundlich (Taf. I. f. 2, 5, Taf. II. f. 3), bald länglich oval (Taf. I. f. 3, 5 rechts oben, Taf. II. f. 3 links); andersmal sind sie länglich oval mit etwas ausgebuchtetem Rande (Taf. I. f. 1, 5, untere Figur, Taf. III. f. 8), und ähnlich mehr. Doch bei allen ist das Princip der Nervatur dasselbe, wie aus den beigegeben vergrösserten Ansichten einzelner Blättchen, die vollkommen correct dargestellt sind, hinreichend ersichtlich ist. Die Nerven gehen gewissermassen von einer gemeinsamen Stelle an der Blattbasis aus und theilen

---

[*]) Die Zugehörigkeit zu *Thinnfeldia* habe ich schon 1876, Rec. Geolog. Survey of India Vol. IV. p. 123 ausgesprochen, indem ich dort zu *Pecopt. odontopteroides* unter der Linie bemerkte: „I should say, this is rather a *Thinnfeldia*".

sich dann dichotom; die einfachste Art der Nervatur ist auf Taf. I. f. 5 d. = Theilung des Hauptnerven in zwei, und jedes Seitenastes wieder in zwei, zusammen vier Nerven im Blättchen. Zunächst ist dann Taf. I. f. 2a, wo noch ein einzelner Nerv hinzutritt; dann folgt Taf. I. f. 3b, dann Taf. I. 3a u. s. w. Sehr zahlreich sind dichotome Blätter vertreten; so Taf. I. f. 2, 3, 4, 5, Taf. II. f. 3, und Taf III. f. 5a; so dass diese Eigenschaft in der That für diese Art ein charakteristisches Merkmal bildet.

Die Blättchen auf dem Blattheile unterhalb der Dichotomie sind gewöhnlich etwas kleiner und besitzen auch eine einfachere Nervatur. Auf der Innenseite der Theiläste, im Gabelwinkel sind die Blättchen nur als langgezogene Lappen vorhanden, und erlangen erst beim dritten oder vierten ihre normale Grösse.

In meiner fossilen Flora von Australien (1879, Nachtrag, Ste. 167) habe ich auf Grund der australischen Vorkommnisse eine sehr erschöpfende Diagnose gegeben, die ich nicht wiederholen will; selbe besagt deutlich wie variabel die Formen sind.

Desswegen glaube ich mich nicht im geringsten berechtigt, zwei andere Exemplare, die ich noch abbilde, und die von den übrigen Abbildungen ein wenig abweichen, von dieser Art zu trennen. Es sind die Exemplare anf Taf. I. fig. 6. und Taf. II. f. 1.

Das erstere gehört jedenfalls einem dichotomen Blatte an, in dem die zwei Fiedern eine solche natürliche Lage besitzen, dass sie nach unten in einen gemeinsamen Blattstengel führen würden. Die Fiedern tragen längliche Fiederchen, die von der Rhachis nicht so abstehen, wie bei den übrigen, sondern mehr gegen die Spitze gerichtet sind. Doch die Nervatur, obzwar etwas dichter als bei den früher angegebenen, ist dennoch in der Art der Entwickelung und Theilung mit den obigen gänzlich übereinstimmend; es finden sich 12—13 Nerven in den mittleren Blättchen (Siche vergrösserte Figure 6 a.).

Ich war anfangs der Ansicht, diese Form wäre als eine Varietät (Thinnf. odontopt. var. praelonga) zu unterscheiden; doch nach reiflicher Überlegung glaube ich selbe getrost bei dieser Art belassen zu können.

Das zweite in Rede stehende Exemplar (Taf. II. fig. 1, 1 a.) trägt einen etwas steiferen Habitus an sich; und die zwei Fiedern scheinen ebenfalls einem dichotomen Blatte anzugehören. Die Fiederblättchen scheinen von lederartiger Consistenz gewesen zu sein, sind von der Rhachis abstehend, und haben auch eine zahlreiche Nervatur, an 16 Nervenäste in den entwickelten Blättchen (vergl. Taf. II., fig. 1 a); doch auch hier ist das Princip der Nervatur der *Thinnf. odontopteroides* deutlich ausgeprägt, und ist es wohl am besten auch dieses Exemplar bei dieser Art zu belassen. Diese Form erinnert zwar, wenn wir nur nach der Diagnose schliessen, an *Thinnf. odontopt* var. *superba* Johnston (l. c. p. 30); aber es ist eine Frage ob auch diese nicht einfach unter *Thinnf. odontopteroides* einbezogen werden sollte.

Lokalität in Süd-Afrika: Über dem Kohlenlager der Stormbergschichten an der Indwe, und bei Cyphergat (Gebiet der Stormberge), nördl. von Molteno.

Es kann wohl keinem Zweifel unterliegen, dass besonders diese Art hauptsächlich die Parallelisirung dieser Schichten mit ähnlichen in anderen Ländern bewerkstelligen wird.

Thinnfeldia trilobita (?) Johnst.
Taf. II. f. 2, 2 a, 2 b.

1885. Johnston, General Observations regarding the classification of the upper Palaeozoic and Mesozoic rocks of Tasmania etc. p. 30—31.
1888. Johnston: Geology of Tasmania. Die Figur ohne weitere Beschreibung.

Das vorliegende Exemplar aus Süd-Afrika glaube ich ziemlich gut mit der obigen Art identificieren zu können; sowohl die von Johnston 1885 (ohne Abbildung) gegebene Diagnose passt gut, als auch die später (1888) gegebene Figur, die jedoch ohne jedwede Beschreibung publiciert ist; doch ist zu bemerken, dass Johnston's Figur eine erbärmlich schlechte ist.

Johnston's Fossil stammte aus Schichten unter dem (mesozoischen) Kohlenflötze von Spring Bay, nordöstlich von Hobarttown, und er gab folgende Diagnose, die ich im Original wiedergebe:

„Frond bipinnate (?); pinnae linear elongate, dichotomously divided; pinnules pinnatifid, coriaceous, oblique, opposite, truncately narrowly strap-shaped; invariably terminating in three variably shaped digits or lobes, the central one of which is usually the most prominent; veins obscure not well defined.[*]) Adjacent margins of pinnules run closely parallel to each other, joining in a rounded sinus near to rhachis, giving to the latter the appearance of a broad marginal wing, rhachis strong and grooved, average breadth of pinna 15 mm, average length of pinnules 9 mm., breadth $4\frac{1}{2}$ mm.

Im Ganzen ist diese Diagnose gut auf unser Fossil anwendbar; nur kann ich noch hinzufügen, dass, während Johnston die Nervatur nicht beobachten konnte, sie auf dem südafrikanischen Exemplare hinreichend deutlich war (vergl. T. II. f. 2 a, 2 b) und an jene von *Thinnf. odontopteroides* erinnert, und überhaupt jene der Gattung *Thinnfeldia* ist.

Lokalität in Süd-Afrika: Über dem Kohlenlager an der Indwe, Stormberge; Stormbergschichten.

Taeniopteris Carrutheri. T. Woods.
Taf. II. f. 6.—10.

1872. *Taeniopteris Daintreei.* M'Coy; Carruthers in Daintree l. c. p. 355. Pl. XXVII. f. 6.
1883. *Taeniopteris Carrutheri*, Tenison-Woods: On the Fossil Flora of the Coal Deposits of Australia. In: Proc. Linn. Soc. N. S. Wales VIII. Pt. 1. p. 117.
1888. Feistmantel, Geol. & Palaeont Verhältn. d. Gondwána-System in Tasmanien; Stzb. d. königl. böhm. Gesellsch. d. Wissensch. 1888. p. 030.

Im J. 1872 hat Herr Carruthers (l. c.) aus den Tivoli-Kohlengruben (mesozoische Kohlen) in Queensland eine *Taeniopteris* abgebildet, die er, obzwar ziemlich abweichend

---
[*]) Diess gehört wohl nicht so recht in die Diagnose, da es wohl bloss Zufall gewesen sein wird, wenn die Nerven undeutlich waren.

davon, dennoch mit *Taeniopteris Daintreei* Mc'Coy identificierte. Er gab folgende Diagnose (ich gebe den originalen Wortlaut):

„Frond simple (?) broad, linear; midrib somewhat thick; veins leaving it at an acute angle, then passing out at right angles to the margin, once or twice dichotomously divided".

(Blatt einfach (?) breit, linear, Mittelrippe ziemlich dick, die Seitennerven entspringen aus derselben unter einem spitzen Winkel, dann aber verlaufen sie unter einem rechten Winkel zum Blattrande; ein oder zweimal dichotom getheilt).

Die nähere Vergleichung hat aber gezeigt, dass das von Carruthers beschriebene Exemplar sich ziemlich von Mc'Coy's *Taeniopt. Daintreei* (aus Victoria) unterscheide, und habe ich selbst schon auf diesen Unterschied hingewiesen,*) habe aber keinen neuen Namen dafür vorgeschlagen. Diess that Tenison-Woods (l. c.), indem er obigen Namen einführte, ich glaube mit voller Berechtigung. Ich habe aber später in meinem Nachtrage zur Foss. Flora Australiens (l. c. 1879 pp. 167—170, Taf. XII. f. 5. 5a) dennoch die echte *Taeniopt. Daintreei* aus Queensland (Talgai diggings, am Condamine Flusse, südw. von Ipswich) constatiert.

Aus den Stormbergschichten liegen mir mehrere Exemplare vor (Taf. II. F. 6—10), die mit der *Taeniopteris Carruthersi* T. W. vollkommen übereinstimmen, besonders mit Berücksichtigung der Exemplare Fig. 9. und 10. Fig. 7. stellt den Untertheil des Blattes, und Fig. 8. den Obertheil dar; die übrigen Figuren sind Mitteltheile des Blattes. Aus den Überresten zu schliessen wäre das Blatt etwa 26 cm. lang und etwa 3 cm. breit gewesen. Die Mittelrippe ist ziemlich stark, die Seitennerven zahlreich, fast durchwegs vom Ursprungsorte an dichotom, viele davon noch ein zweitesmal, und einzelne noch, nahe am Blattrande ein drittesmal getheilt (vergl. besonders Fig 9. u. 10.) Bei einzelnen erfolgt eine Theilung und abermalige Vereinigung vor der Erreichung des Blattrandes (vergl. Fig. 6 a, 7 b, 8 a.); oder es vereinigen sich die Äste zweier benachbarter Nerven (vergl. fig. 6a, 7b, 8a, 9a).

Ein etwas ähnliches Verhalten in der Nervatur zeigt die *Taeniopteris moreyesiana* Gein. aus rhätischen Schichten der Provinz San Juan, besonders in der von Geinitz (l. c.) Taf. II. f. 8b gegebenen vergrösserten Ansicht. Mit Rücksicht auf die Unterabtheilungen von Schimper würde diese Art wohl zu *Oleandridium* Schimp. zu stellen sein.

Zu vergleichen wäre wohl auch noch *Taeniopteris immersa* Nath. aus den rhätischen Schichten von Bjuf in Schweden (Floran vid Bjuf, Tredje Häftet p. 45, 87, Taf. XIX. f. 6) vorausgesetzt, dass diess ein einfaches Blatt ist.

Localität in Süd-Afrika: Im lichtgrauen harten Schiefer über den Kohlenschichten an der Indwe, in den Stormbergen, Stormbergschichten.

Taeniopteris Daintreei Mc'Coy.
Taf. II., f. 11.

1875. Mc'Coy Prodromus Pal. of Victoria II. Dec. p. 15. Pl. 14. f. 1, 2.
1879. Feistmantel, Pal. und mesoz. Flora d. oestl. Australien, Nachtrag, Taf. XII. f. 5, 5a.

---

*) Palaeoz. & mesoz. Flora d. oestl. Australien 1878 p. 110, und 1879 (Nachtrag) p. 170.

Wie schon oben erwähnt, hat Dunn (l. c. 1878 und 1888) *Taeniopteris Daintreei* auch schon aus den Stormbergschichten angeführt; doch habe ich nicht beurtheilen können, ob damit die ursprünglich von Mc'Coy (l. c.) aus Victoria beschriebene Art, oder die von Carruthers (l. c.) abgebildete Form gemeint ist, welche, wie wir eben gesehen haben, ziemlich zahlreich in Süd-Afrika vertreten ist.

Wie dem nun auch sein mag, ich glaube, dass unter den mir von Dr. A. Schenck übersandten Fossilien die *Taeniopt. Daintreei* Mc'Coy auch vertreten ist und zwar in einem Exemplare, das auf Taf. II. f. 11. abgebildet ist. Es ist von einem entschieden schmäleren Blatte, wenn auch nicht so ganz schmal, wie in Mc'Coy's Figuren; aber die Nervatur ist vollständig übereinstimmend; auch die Rhachis ist ziemlich stark.

Lokalität in Süd-Afrika: Im lichtgrauen harten Schiefer über den Kohlenschichten an der Indwe, in den Stormbergen, Stormbergschichten.

Anthrophyopsis (?) sp. (? comp. obovata Nath.).
Taf. II., f. 4.

1878. Nathorst, Floran vid Höganäs och Helsingborg p. 16. Taf. II. f. 2.

Auf Taf. II. f. 4. bilde ich ein Blattfragment ab, das deutlich eine genetzte Nervatur zeigt; die Maschen sind ziemlich gross, länglich polygonal und die sie bildenden Nerven alle ziemlich gleich stark.

Soweit man aus dem Fragmente schliessen kann, ist die Richtung und Anordnung der Nerven und Nervenmaschen eine radiäre und scheinen selbe von keinem Mittelnerven auszugehen. Dadurch reiht sich dieses Fragment jedenfalls in die Gruppe der *Dictyopterideae* (ohne deutliche Mittelrippe), wozu besonders die Gattungen *Gangamopteris* Mc'Coy und *Anthrophyopsis* Nath. gehören; theilweise könnte auch *Sagenopteris* Presl hierher gestellt werden, doch hat diese im unteren Theile des Blattes gewöhnlich eine Mittelrippe und auch bei *Gangamopteris* zeigen die Seitennerven und Maschen gewöhnlich einen mehr bogenartigen Verlauf, so dass ich das Fragment noch am ehesten zur Gattung *Anthrophyopsis* einreihen zu können glaube. Mit Bestimmtheit kann es aber nicht entschieden werden.

Die Diagnose, welche Nathorst für seine Gattung *Anthrophyopsis* giebt,[*]) lautet:

„*Frondes simplices, elongatae vel latae rotundatae ?, nervis omnibus aequalibus, areolas elongato-rhomboideas vel rhomboideo-hexagonas formantibus, infimis interdum non anastomosantibus*".

Die Art, mit welcher ich das in Rede stehende Fragment vergleichen möchte, ist Nathorst's: *Anthrophyopris obovata* Nath. (l. c.) aus den rhätischen Kohlenschichten von Höganäs bei Helsingborg, in Schweden.

Ich kann aber auch nicht unerwähnt lassen, dass Nathorst in seiner Flora von Bjuf (1878, Första Häftet) Taf. II. f. 4, 5 und 6 Blätter von seiner *Sagenopteris dentata* abbildet, die, namentlich in Fig. 6, eine ziemlich ähnliche Nervatur zeigen, wie sie bei unserem Blattfragmente auch vorkommt.

---

*) 1878: Floran vid Bjuf. Första Häftet. p. 48.

Nun es ist, wie schon erwähnt, unmöglich, in diesem Falle mit Bestimmtheit die richtige Zutheilung zu treffen.

Lokalität in Süd-Afrika; In feinthonigen Schiefern von grauer Farbe über dem Kohlenlager, bei Cyphergat, Stormberge, Stormbergschichten.

Alethopteris sp. (comp. Asplenium nebbense Heer).
Taf. II., f. 12, 12a.

Vergl. Schimper in Zittel's Handbuch der Palaeontologie 1879. II. Bd. 1. Lief. Seite 99.

Der hier abgebildete Rest offenbart sich deutlich als ein Bruchstück einer Fieder eines Farrens, der im allgemeinen als *Alethopteris* zu betrachten wäre. Mit Rücksicht auf eine nähere Einreihung, gehört er wohl in die Gruppe *Asplenium* L., und zwar in die nächste Verwandtschaft von *Asplenium nebbense* Heer und *Aspl. whitbyense* Heer, jedoch mehr in die des ersteren, besonders mit Berücksichtigung der Figur bei Schimper (l. c. p. 99. f. 1). Die Nervatur stimmt vollständig überein.

Asplenium nebbense Heer kommt ziemlich häufig in den rhätischen Ablagerungen Schwedens, und zwar bei Palsjö, Höganäs und Helsingborg vor.

Zu vergleichen wäre dieser Rest auch mit der *Alethopteris indica* Oldh., wie sie in der Palaeontolog. indica, Gondwána Flora, Vol. I. an einigen Stellen abgebildet ist, und die ich auch schon in die Gruppe *Asplenium whitbyense* verwiesen habe.

Lokalität in Süd-Afrika: Im lichtgrauen, harten Schiefer, an der Indwe, Stormberge; Stormbergschichten.

3. Cycadeaceae.

Podozamites (Zeugophyllites) **elongatus** Morr. sp. (Feistm.)
Taf. II. f. 13., Taf. III. f. 3, 4, 7.

1845. *Zeugophyllites elongatus* Morris in Strzelecki (l. c. p. 250. Pl. VI. f. 5, 5a.
1849. *Noeggerathia elongata* Dana. Unit. States Explor. Expedition. Geology p. 715.
1878. Feistmantel, Pal. et mesoz. Fl. d. oestl. Australien p. 95.
1879. Idem, Nachtrag, p. 461.
1880. Idem, Gondwána-Flora, Vol. III. (Panchet ot Damuda-Flora) pp. 61—62.
1883. Tenison Woda, On the fossil Flora of the Coal Deposits of Australia, pp. 147; 151—152.
1888. Szajnoha, l. c. p. 19—20.

Als *Zeugophyllites elongatus* hat Morris (l. c.) ein Blatt angeführt und abgebildet, das aus dem Jerusalembasin, Tasmania, stammte; er gab folgende Diagnose (ich citiere im Original):

„Stem —?; leaves petiolate, oblong elongate, entire, truncate and slightly thickened at the base; veins distinct, equal, parallel". (Nonnullis e basi dichotomis. Feistmantel).

Morris aber sagt ausdrücklich, dass diese Art nur provisorisch zu *Zeugophyllites* Brongt. gestellt ist. Diess war in der That ganz vorsichtig gesprochen; denn, wenn wir auf

Brongniart's ursprüngliche Beschreibung zurückgehen, so finden wir, dass die von ihm aufgestellte Gattung wohl für andere Pflanzen gemeint war.

Brongniart gründete die Gattung*) auf ein Exemplar, das, wie er angiebt, aus den „Mines de Ranagunje, près Rajemahal, dans l'Inde septentrionale" stammte. Diess ist eine etwas unsichere Angabe. Eine Abbildung ist nicht gegeben und nach der Diagnose könnte man schliessen, dass ihm eine *Schizoneura* von Raniganj vorlag, wo diese Gattung häufig ist. Als später Morris seinen *Zeugophyllites elongatus* (l. c.) beschrieb, wurde denn in der That die indische *Schizoneura* auch mit dem *Zeugophyllites elongatus* als ident. erklärt**) Ich habe aber schon erwähnt, dass Morris' Zutheilung nur eine provisorische war. Ausserdem ist der Unterschied von *Schizoneura* ein ganz deutlicher. *Schizoneura* hat zwar ähnliche Blätter (scheinbare) die auch von Nerven durchzogen sind; aber so ein *Schizoneura*-Blatt ist in der That nur ein Theil der Blattscheide, die im Stengelgelenke angebracht ist, und aus einer Vereinigung mehrer länglicher Blättchen besteht, deren jedes von einem Mittelnerven durchzogen ist; vielfach finden sich die Scheiden in die ursprünglichen Blättchen wieder gespalten, an gut erhaltenen Stücken sind die Commissuren der Blättchen in den Scheiden zu sehen. Nichts davon ist an *Zeugophyllites elongatus* Morris zu bemerken; dort gehören die Nerven dem Blatte selbst an.

Dana (l. c.) stellte *Zeugophyll. elongatus* zu *Noeggerathia* neben *Nögg. media* und *Nögg. spathulata*; diese letzteren sind aber jetzt zu *Nöggerathiopsis* Feistl. (Rhiptozamites Schmalh.) gestellt, und würde daher auch *Zeugophyll. elongatus* Morr. dorthin zu bringen sein; doch gehört er entschieden nicht zu dieser Gattung; denn diese hat eine andere Form der Blätter und die (gewöhnlicher zahlreichen) Nerven sind zumeist mehreremal im Verlaufe dichotom, was bei *Zeugophyll. elongatus* Morr. nicht vorkommt, wo höchstens an der Basis eine Theilung stattfindet.

Es sind daher *Schizoneura* Schmp. (gondwanensis Feistm.), *Noeggerathiopsis* Feistm. und *Zeugoph. elongatus* Morr. drei verschiedene Pflanzen.

Wenn wir uns nach verwandtschaftlichen Beziehungen dieser letzteren Art umsehen, so glaube ich, dass sie zunächst zu *Podozamites* F. Braun die grösste Verwandtschaft zeigt. Ich habe in meiner Foss. Flora von Australien (l. c.) deutlich darauf hingewiesen und auch Ten. Woods hat diesen Umstand hinreichend gewürdigt.

Die Pflanze würde daher künftig als *Podozamites elongatus* Morr. sp. 1845 (Feistmantel 1889) anzuführen sein.

Unter verwandten Formen will ich z. B. nur auf *Podozamites* (?) *poaeformis* Nathorst***) hinweisen.

Podozam. (Zeugophyll.) *elongatus* ist besonders in den mesozoischen Kohlenschichten von Tasmanien bekannt; neulich hat ihn auch Szajnocha (l. c.) aus der argent. Republik (aus rhät. Schichten) angeführt.

Vorkommen in Süd-Afrika: in lichtgrauem hartem Schiefer über den Kohlenschichten an der Indwe, Stormberge, Stormbergschichten (Taf. II. f. 13. und Taf. III. 7);

---

*) Prodrome, 1828, pp. 116, 121, 135.
**) Memoirs, Geologl. Survey of India, Vol. II p. 327.
***) Floran vid Högnäs och Helsingborg, 1878, p. 28. Taf. III. f. 13.

ebenso ober der Kohle, bei Molteno, Stormberge, Stormbergschichten (Taf. III. f. 3, 4) in grünlichgrauem, feinthonigem Schiefer.

Podozamites (Zeugophyllites) sp.
Taf. II. f. 5.

An obiger Stelle bilde ich ein Blattfragment ab, das jedenfalls auf ein ähnlich verlängertes Blatt schliessen lässt, wie es der eben vorher beschriebenen Art zukommt; doch scheint die Breite grösser gewesen zu sein, und würden wir daraus wohl auch auf ein längeres Blatt schliessen können; in der Längsrichtung ist es von ziemlich starken Nerven durchzogen, und zwar, so weit sichtbar, in der Zahl von achtzehn. Soweit das erhaltene Stück eine Beurtheilung zulässt, waren es einfache Nerven; keine Dichotomie konnte bemerkt werden, wenn sie sich auch nach unten ziemlich nähern; ich schliesse daraus, dass die Form des Blattes, ähnlich wie bei *Podozamites elongatus* eine stark verlängert ovale war, wobei die Nerven in dem oberen und unteren verengten Theile sich nur dichter an einander reihten und höchstens vielleicht im untersten Theile dichotom sich theilten, während im weiteren Verlaufe keine Dichotomie mehr zu bemerken ist.

Mit Rücksicht auf die grösseren Dimensionen glaubte ich anfangs dies Blattfragment unter *Nöggerathiopsis* (Hislopi Fstm.) einreihen zu können; doch in Folge des Mangels einer jeglichen bemerkbaren Dichotomie im Verlaufe der Nerven, die bei *Nöggerathiopsis* so häufig ist, bin ich genöthigt diese Ansicht aufzugeben, und betrachte das Blatt als viel wahrscheinlicher in die Verwandtschaft von *Podozamites elongatus* Feistm. (Morr. sp.) gehörig.

Für den Fall, als sich Blätter ähnlicher Verhältnisse als ständige Vorekommnisse erweisen sollten, schlage ich zu ihrer Unterscheidung den Namen: *Podozamites elongatus* var. *latior* vor.

Eine Diagnose zu geben ist wohl nach dem vorhandenen Fragmente nicht möglich, die Aufstellung derselben muss für die Zukunft aufbewahrt werden.

Localität in Süd-Afrika: In grauem, feinem Schiefer über dem Kohlenlager bei Cyphergat, Stormberge, Stormbergschichten.

Als Ergänzung kann ich hier noch beifügen, dass sehr breite *Podozamites*-Blätter von Heer in seiner Jura-Flora Ostsibiriens und des Amurlandes (1876) abgebildet sich finden.

4. Coniferae.
Baiera Fr. Braun.

Foliis coriaceis an cartilaginaceis, in petiolum crassiusculum breviorem an longiorem attenuatis, foliis supra basim pluripartitis, segmentis angustis, elongatis; nervis compluribus, maxima in parte parallelis, hinc illinc dichotomis.

Auf Taf. III. f. 1, 2, 5, 6 bilde ich eigenthümliche Fossilreste ab, die sich wohl alsbald als zu der Abtheilung der *Salisburieae*, bei den Coniferen, gehörig zu erkennen geben.

Die *Salisburieae* (bei den Taxaceae) sind heute nur durch die *Gingko* (Salisburia) *biloba* Lin. in China und Japan vertreten. Dagegen zählen sie in der fossilen Flora zahlreichere Vertreter, so die Gattungen *Gingkophyllum* Sap., *Dicranophyllum* Grand'Eury, *Trichopitys* Sap., *Baiera* Fr. Br., *Rhipidopsis* Schmalh., *Czekanowskia* Heer etc., und auch *Gingko* selbst ist durch zahlreiche Formen vertreten. Als solche beginnt die Gruppe in der palaeozoischen Epoche, im Karbon.

Die oben abgebildeten Reste offenbaren sich bei ihrer Vergleichung mit den einzelnen angeführten Gattungen, als zu *Baiera* Fr. Br. gehörig, obzwar diess definitiv nur durch die Blüten- und Fruchtorgane festgestellt werden könnte, wovon aber in der mir vorgelegenen Collection nichts vorhanden war. Wir müssen uns hier lediglich durch die Blattform leiten lassen.

Die vorliegenden Reste deuten eine ziemlich grosse und starke Pflanze an. Die Blattsubstanz scheint lederartig gewesen zu sein; nach unten verschmälert sich das Blatt in einen deutlichen, länglichen Blattstiel. Das Blatt selbst ist wiederholt getheilt und zwar ist die Theilung mit Rücksicht auf fig. 2. Taf. III., etwa die folgende: Knapp oberhalb des Blattstieles theilt sich das Blatt in zwei Theile; jedes dieser Hauptsegmente theilt sich dann, etwas höher, abermals in zwei Segmente, wovon die inneren sich abermals, einfach dichotomisch theilen, während die äusseren eine doppelte Dichotomie aufweisen, so dass auf diese Art 12 Endlappen entstehen würden. Diese sind schmal-länglich, an der Spitze stumpf abgerundet.

Die Endlappen sind von 4 Nerven durchzogen; an den Theilungsstellen verbinden sich stets je zwei Nerven zu einem, so dass von den 8 Nerven zweier Endlappen doch nur vier in den Mutterlappen (dieser zwei Endlappen) gelangen, und so fort, bis zum Haupttheil ober dem Blattstiel. Die Länge der Blattsegmente, von der Ursprungsstelle an, beträgt an 14 cm.

Wenn wir aber fig. 1. Taf. III. als eine Hälfte des ganzen Blattes betrachten, so ergeben sich 16 Blattsegmente.

In den Originalen (fig. 1, 2, 5, 6) liess sich die Nervatur nicht so deutlich veranschaulichen; diesem Zwecke dienen die vergrösserten Ansichten 1a und 2a.

Die weiteren Verhältnisse von *Baiera* und ihre verwandtschaftlichen Beziehungen will ich hier nicht näher erörtern und verweise nur auf die Werke von Schenk,[*]) Solms-Laubach,[**]) Saporta[***]) und Renault.[†])

Mit Rücksicht auf die verwandtschaftlichen Beziehungen unserer Form ist vorerst *Baiera Münsteriana* Heer in Betracht zu ziehen, und zwar in der Form wie sie Schimper[††]) und Saporta (l. c. p. 279. Pl. 155—157) zeichnen. Bei dieser Gelegenheit möchte ich darauf hindeuten, dass Schenk (in Zittel's Handbuch p. 261. f. 180. a, l. c.) eine ziemlich verschiedene Pflanze als *Baiera Münsteriana* Heer zeichnet. Ich beziehe mich aber auf die oben angeführten Abbildungen. Wenn wir nun diese mit unserer Pflanze vergleichen, so

---

[*]) Schenk in Zittel's: Handb. d. Palaeontologie. II. Bd. III. Lief. 1884, pp. 261—263 etc. — Idem: Die fossilen Pflanzenreste. Breslau 1887, pp. 165—168.
[**]) Graf zu Solms-Laubach: Einleitung in die Phytopalaeontologie 1887, pp. 63—67.
[***]) Saporta (Marquis G. de): Paléontol. française. Végétaux. Plantes jurassiques T. III Coniferes. pp. 269 et seqq. (Atlas).
[†]) Renault (B.): Les Plantes fossiles. Paris 1888, p. 324—326.
[††]) Trait. d. Paléont. vég. I. p. 442. Pl. XLIV. fig. 9.

scheint es mir, dass die südafrikanische *Baiera*, ein etwas grösseres Blatt, d. h. längere Blattlappen besass; die Zahl dieser letzteren scheint aber eine geringere, dagegen die Substanz etwas mehr lederartig gewesen zu sein. Den Hauptunterschied bieten die Blattnerven; diese zeigen bei der südafrikanischen Pflanze eine viel regelmässigere Vertheilung, wie ich sie schon oben beschrieben habe, als es bei *Baiera Münsteriana* der Fall ist.

Baiera Münsteriana stammt aus rhätischen Schichten in Franken (Bayreuth) und Schweden (Palsjö).

Eine andere, etwas verwandte Art, ist *Baiera paucipartita* Nath.[*]) Diese zeigt auch die lederartige Natur des Blattes, wie die südafrikanische Pflanze (vergl. besonders Nathorst l. c. Taf. XXI. f. 1), aber das Blatt war tiefer geschlitzt, die Blattheile sind schlanker, der Blattstiel scheint kürzer gewesen zu sein. Die Nerven scheinen an einzelnen Exemplaren ähnliche Verhältnisse zu zeigen, wie bei der südafr. Pflanze, während an anderen wieder unter der Theilungsstelle der Blattlappen mehr als 4 Nerven erscheinen, was auf keine Regelmässigkeit schliessen lässt.

Baiera paucipartita Nath. stammt aus rhätischen Schichten von Bjuf in Schweden.

Ich glaube, dass nach dem, was ich über die Beziehungen der südafrikanischen Pflanze gesagt habe, selbe als eine selbständige Art sich offenbart. Ich schlage für sie folgenden Namen vor:

Baiera Schenckl n. sp.
Taf. III., f. 1, 2, 5, 6.

Foliis magnis, longe petiolatis, dichotome lobatis et laciniatis; laciniis 12—16, linearibus, coriaceis, apice obtuse rotundatis; nervis in laciniis lobisque 4 numerantibus.

Die oben angeführten rhätischen Arten sind die nächsten Verwandten dieser Art.

Lokalität in Süd-Afrika: In gelblichgrauem feinem Schiefer, über dem Kohlenlager an der Indwe, Stormberge; Stormbergschichten.

Die oben beschriebene *Flora* der Stormbergschichten erweist sich als von bedeutendem Interesse, einestheils wegen ihrer Beziehungen zu ähnlichen Floren in anderen Ländern, anderntheils wegen der Folgerungen, die man vielleicht mit Rücksicht auf das Alter der Schichten ziehen kann.

Was den ersteren Punkt anbelangt, so zeigt die Stormbergflora eine unverkennbare Analogie mit den Floren folgender Länder:

1. Mit der Flora der oberen, mesozoischen Kohlenschichten (gewöhnlich als Jerusalem-Schichten angeführt) in Tasmanien, wo sich vorfinden:

Sphenopteris elongata Carr. 1872 (häufig).
Thinnfeldia odontopteroides Feistm. 1878 (häufig). (Morris sp. 1845).
Podozamites (Zeugophyllites) *elongatus* (Morr. sp. 1845) Feistm. 1889.

---

[*]) Floran vid Bjuf. (Tredje Häftet.) 1886. p. 94. Taf. XX. f. 7—13. Taf. XXI., XXII., f. 1—2.

2. Mit der Flora der oberen (mesozoischen) Kohlenschichten in Queensland, bei Ipswich und Tivoli, auf Grund folgender Arten:

Sphenopteris elongata Carr. 1872.
Thinnfeldia odontopteroides Feistm. 1878.
Taeniopteris Carruthersi Ten. Woods 1883.
Taeniopteris Daintrei Mc'Coy 1875.

3. Mit der Flora der Hawkesbury- und Wianamatta-Schichten in N. S. Wales worin häufig vorkommt:

Thinnfeldia odontopteroides Feistm. (1878).

Hier ist zwar nur eine Art von Pflanzen gemeinschaftlich — aber die Hawkesbury-Wianamatta-Schichten stehen in inniger verwandtschaftlicher Beziehung zu den oben angeführten Schichten in Queensland und Tasmanien, mit denen wieder die Stormbergflora nahe verwandt ist.

Ausserdem könnte ich als gemeinsames Merkmal anführen das Vorkommen der Fischarten:

Cleithrolepis Extoni Woodw. in den Stormbergschichten
und *Cleithrolepis granulatus* Egert. in den Wianamatta-Hawkesbury-Schichten.

4. Als gemeinschaftlich mit der Flora der oberen (mesozoischen) Kohlenschichten von Victoria, wäre nur anzuführen:

Taeniopteris Daintrei Mc'Coy.

5. Weiter haben wir noch die fossilen Pflanzen von Cacheuta in der argentinischen Republik (Szajnocha l. c.), worunter wir als gemeinschaftlich mit der Stormbergflora die folgenden Arten vorfinden:

Sphenopteris elongata Carr.
Thinnfeldia odontopteroides Feistm. (Morr. sp.).
Podozamites (Zeugophyllites) *elongatus* Feistm. (Morr. sp.).

6. Die Verwandtschaft zu irgend einer Flora in Indien ist keine direkte, doch lässt sich vielleicht selbe aus dem schon Gesagten wenigstens theilweise ermitteln. Ich habe vorn gesagt, dass die Beaufortschichten allem Anscheine nach die Damuda-Pantschetgruppe in Indien repraesentieren. Die zunächst folgende Gruppe in Indien ist die Rádschmahálgruppe, und ihre reiche Flora hat rhätisch-liasischen Charakter; in Süd-Afrika folgen auf die Beaufortschichten die Stormbergschichten, deren Flora auch vornemlich rhätisch — liasisch ist — es ist daher immerhin möglich, diese beiden Gruppen zu parallelisieren.

Wenn ich auch durch diese Bemerkungen nicht die Absicht habe, das geologische Alter der Stormbergschichten definitiv als rhätisch — liasisch zu bestimmen, so scheint es mir doch, dass dieses Alter vielleicht das wahrscheinlichste ist.

Die Stormbergschichten bilden die obere Abtheilung der Karooformation; ebenso gehören die Rádschmahálschichten der oberen Abtheilung des Gondwâna-Systems, wozu aber noch die Sripermatur-Dschabalpur- und Katschgruppen zu stellen sind — gerade so wie in Süd-Afrika meiner Ansicht nach die Uitenhageformation zur oberen Abtheilung der Karooformation zu ziehen sein wird. Diess wird sich aus der Untersuchung der geolog. und palaeontologischen Verhältnisse dieser Formation in einer nächsten Abhandlung ergeben.

Nun mögen noch einzelne allgemeine Übersichtstabellen folgen.

Übersichtstabelle, dem Autor von Prof. T. Rupert Jones 1889 mitgetheilt.*)

The series recommended by T. R. Jones.

4. Upper Karoo-Beds or Stormberg-Beds. = "Stormbergbeds" of Wyllie, Huxley and others. Qu. J. Geol. Soc. 1867 pp. 148 etc.

"Beaufort Beds" of T. R. Jones, in Tate's paper Qu. J. G. S. 1866 pp. 143, 167 etc. = 3. Lower Karoo-Beds or Beaufortbeds. = "Upper Karoo-Beds of Dunns Map and Report. "Karoobeds" of Green Q. J. G. S. 1888.

IV.

2. Kimberley-Shales of Green and others. Olive shales G. W. Stow, Qu. J. G. Soc. 1874 pp. 604 etc.

"Koonap and Ecca-Beds (including the Breccia) of T. R. Jones in Tate's paper, Qu. J. G. Soc. 1867 pp. 142 etc., 167. = 1. { b) Ecca-Beds = "Lower Karoo-Beds" of Dunn's Map and Report. a) Ecca Conglomerate or Breccia = "Dwyka Conglomerate" of Dunn. }

The great "Karoo Series" of Rain.

III. Carboniferous Beds = Witteberg, Zwarteberg etc.

II. Devonian Beds = Bokkeveld etc.

I. Silurian, etc. etc.

---

*) Auf die Schichten, die jünger sind als Stormbergschichten, ist hier vorläufig keine Rücksicht genommen worden. Ich mache besonders auf die Einreihung der Witteberg, Zwarteberg etc. Schichten bei "Carboniferous" aufmerksam.

Übersichtstabelle der Schichtenfolge in S.-Afrika, in Vergleich mit Indien.

(Gestützt auf die im Vorigen dargestellten Verhältnisse, vorgeschlagen von Autor).

Formation (Gruppen).		S.-Afrika (Etagen).	Indien (Etagen).	Formation (Gruppen).	(?) Aequivalente Zeitperiode.
Karoo-Formation	Obere	Stormberg-Schichten mit Reptilien und Pflanzenresten.	Rådschmahal-Schichten.	Oberes	Lias-Rhät (?)
	Mittlere	Beaufortschichten Dycynodon etc. (in den höheren Lagen) *Glossopteris, Schizoneura* (?) etc. (in den tieferen). (Glossopterisschicht in Natal).	Panitscha:Damuda Schichten = *Dicynodon* etc. *Schizoneura, Glossopteris* etc.	Mittleres	Trias (?)
	Untere	Kimberley-Ekkaschichten (Pietermaritzburg-Schiefer) *Glossopteris, Gangamopteris, Noeggerathiopsis*. Dwykaconglomerat in der Kapkolonie = Glaciale Konglomerat in Griqua-Land W. = Boulderbed in Natal (Alle *glacial*?)	Karharbari:Talchir-Schichten: *Glossopteris, Gangamopteris, Noeggerathiopsis* etc. Talchirconglomerat in Indien. (Auch glacial?)	Unteres	Perm-Karbon.	Gondwána-System.
Kap-Formation (nach Dr. Schenck)		Zwarteberge-Witteberge-Zuurberge Schichten mit Kohlenpflanzen = Auch Kohlenschichten bei Tete am Zambesi. (Ber. nach Jones, Green, Dunn, u. a.). Bokkeveld Schichten — mit devonischen Petrefakten.	? Vindhya-Formation.		Karbon. Devon, Cambro-Silur.
Süd-afrikanische Primärformation (Z. Th. metamorphisch).		Malmsbury. (Theilw. Silur). Namaqualand-Schichten etc.	Metamorphisch u. Archäisch.		Archäisch.

Schichtenfolge in S.-Afrika, verglichen mit jener im oestlichen Australiens.
(Gestützt auf die im Vorigen dargestellten Verhältnisse und vorgeschlagen von Auer.)

Formation (Gruppen)		S.-Afrika (Etagen)	Ost-Australien (besonders N.-S.-Wales)	Formation (Gruppen)	(?) Aequivalente Zeitperiode
Karoo-Formation	Obere	Stormbergschichten mit Reptilien, Fischen (*Ceratodus* etc.) und Pflanzenresten (*Thinnfeldia odontopteroides*, etc.)	Wianamatta-Hawkesbury Sch. N.-S.-Wales = Tivoli-Ipswich-Sch. Queensland = Jerusalem-Basin, Tasmanien; Bacchus, Cladbridge, Thurgolia odontopteroides etc.	Kohlenführende mesozoische Sch. (Carbonaceous)	Mesozoisch
	Mittlere	Beaufortschichten, mit Dicynodon etc. *Glossopteris, Schizoneura* (?)	Niveau mit klimatische Verbreitung, im Allgemeinen ärmere Schichten (vielleicht auf Hawkesburyperiode noch übergreifend oder entsteheind).	Obere Kohlen-Schichten	
		Ekka-Kimberley Schichten (Pietermaritzburg Sch.) *Glossopteris, Gangamopteris, Noeggerathiopsis* etc.	Newcastlebeds in N.-S.-Wales *Glossopteris, Gangamopteris, Noeggerathiopsis*, Stoney-Sch., Tasmanien, etc.	Obere Marine-Schichten	Perm
	Untere	Dwykaconglomerat (Kap-Kolonie) = *Glacialis Conglomerat* (Griqua Land W.) = Bootlerbed (Natal) (alle glacial?)	Marine (obere) Karbonische-Schichten mit Blöcken, die glaciale Spuren zeigen. Mersey-Sch. Tasmanien, Stoley.	Untere Marine Lepidodendron-Sch.	Karbon
Kap-Formation (nach Dr. A. Schenck)		Zwarteberge, Zuurberge etc.(Kap-Kolonie) mit Kohlen und Pflanzenreste; auch Tete am Zambesi	Stoney Creek od. Greta-Schichten, *Noeggerathiopsis* mit Kohle und Pflanzen; mesozoische Fbrm.; mit *Rhacopteris, Lepidodendron, Knorria, Cyclostigma* in N.-S.-Wales, Queensland	Untere Kohlen Schichten	Unter-Karbon
		Bokkeveld Schichten (Kap-Kolonie) mit devonischen Petrefakten (marin).	Genoa-Genoa-Sch. (N.-S.-W.) = Mt. Wyatt Sch. (Queensland) = Iguana Creek-Sch. (Victoria) = Fish-Sch. (Tasmanien) (marine und Süsswasserschichten)		Devon
Süd-afrikanische Primär-Formation (z. Th. morphisch)		Malmsbury Sch. (metamorphisch z. Th.)	Silurische und archaische Schichten		Silur (z. Th. metamorphisch) und Archaisch
		Namaqualand Sch. etc.			

Wie wir gesehen haben, finden sich in Afrika unter den Ekka-Kimberley Schichten keine marinen karbonen Ablagerungen vor; ebenso wenig finden wir solche irgend wo in der indischen Halbinsel unterhalb der tiefsten Gondwána-Schichten (Táltschir-Karharbári).

Dagegen finden sich in Indien ausserhalb des Halbinselgebietes Ablagerungen vor, die marinen Ursprungs sind und deren Alter den marinen Petrefakten nach bestimmt ist; solche Ablagerungen sind besonders im Himálaja und im nördlichen Indien, im Pandscháb, in der sog. Salt Range. Durch die Arbeiten der indischen Geologen sind jetzt die Verhältnisse, namentlich im letzteren Terraine gut bekannt, ich verweise z. B. besonders auf das Werk von A. B. Wynne: „Geology of the Salt range in the Punjab."*) Dort findet sich eine ganze Reihe mariner Ablagerungen vom Silur**) bis zum Tertiär. Vergleiche auch das Werk von Prof. W. Waagen: „Salt-Range Fossils" (Pal. indica Ser. XIII.) Vol. I. 1879—1887, das bis jetzt die Beschreibungen und Abbildungen der Fossilien des Produkten-Kalkes (Oberstes Karbonu-Perm) enthält.

Es war lange schon von Interesse zu erfahren, ob und in welcher Beziehung diese Schichten zu den Gondwána-Schichten im Halbinselgebiete stehen. Eine direkte Parallelisierung war nicht möglich, da die letzteren neben zahlreichen Pflanzenresten nur noch Süsswasser- und Landthierreste enthalten.

Eine Möglichkeit hat sich aber neuester Zeit herausgestellt dadurch, dass in gewissen Conglomerat- (Block-) Schichten, die als von glacialem Ursprung angesehen werden, von Dr. Warth (in Indien) marine Thierreste aufgefunden wurden, die diese genannte Schicht ins Oberkarbon verweisen. (Vergl. Rec. Geol. Surv. of India Vol. XIX. 1886, p. 22).

Die genannte Conglomerat-Schicht wird nun mit dem, ebenfalls als glacial angesehenen Táltschirconglomerat parallelisiert, folgerichtig auch mit dem Dwykaconglomerat in S.-Afrika, Bacchus Marshconglomerat in Victoria und mit einem solchen in den oberen Marinen-Schichten in N.-S.-Wales.

Mit Bezug auf die marinen Schichen in der Salt-Range soll die auf der nächsten Seite gegebene Tabelle die Verhältnisse und die Beziehungen der einzelnen Schichten zu einander in einer solchen Weise veranschaulichen, wie mir selbe den obwaltenden Verhältnissen am besten zu entsprechen scheint, wobei auf die neuste Schichtenfolge, wie sie in Rec. Geol. Survey of India. Vol. XXII. pt. 3. 1889, p. 157 gegeben ist, schon Rücksicht genommen wurde.

---

*) Memoirs Geologl. Survey of India vol. XIV. 1878.
**) A. B. Wynne's „Neobolus" beds, an deren silur. Alter er'stets festgehalten, obrwar diess von anderer Seite bestritten wurde, und die Schichten als unter-karbonisch erklärt wurden; doch haben Dr. Warth's Funde in jüngster Zeit die erstere Ansicht deutlich bestätigt.

Vergleichstabelle der Karoo-Schichten in S.-Afrika mit Bezug auf das Gondwana-System und die Schichten in der Salt-Range.[*]

Grössere Gruppen	Schichtengruppen [?] (Salt Range)	Ind. Halbinsel	S.-Afrika	N.-S.-Wales	(?) Kgsthalmas
Jüngere mesozoische Formationen	Nummulitisch. Kohlenführende Gr. (Ceratites Beaumont Sch.)	Deccan Trapp (Indhy.)			Oolith., Mittl. Jura, Ob. Jura und Pahl.
	Dunkelgraue plastic Sandstein (Stecem).	Kateh-Jabalpur Rakshmabil.	Ulitenhage-Stormberg-schichten	Wianamatta-Hawkesbury	Trias
	Oberjurassische Kalksteine.				
	Bunigefärbte Schichten.				
	Overlap.				
Ceratiten-Schichten	Graue und gelbe Dolomite.	Pandschet-Damada	Beaufortschichten	Klerainfosla und Niveau-Vertride-range	Perm
	Graue Marchakalka. Ceratiten-Schichten	Kathardri-Schichten.	Kimberley-Ekka-Sch.	Nowcastle-Sch.	
Obere paleozoische Reihe (Producten-Kalk).	Obere Producten-Kalk. Ehemaliger Kalk (Mittlerer Producten-Kalk).	Talchir {Schiefer Conglom.	Dwyka-congolom.	Obere marine Sch. mit Conglom.	Oberstes Karbon
	Untere Producten-Kalk. Geschichter Sandstein (Olaciale Congl.) mural hier). *Dolarodom.*				
Untere paleozoische Reihe	Tiefere Schichten.	Tiefere Sch. (ohne Petrefakte).	Tiefere Schichten.	Tiefere Schichten.	

[*] Vergl. Records Geogl. Survey of India XXII. 2. 1889. Sie 157.

Allgemeine Übersichtstabelle der vorn besprochenen Petrefakte.

| | Bokkeveld-Schichten (Devonisch). | Karbonisch. | | Karoo-Formation. | | | |
| | | | | Untere (Perm?). | | Mittlere. | Obere. |
		Zwartebergs, Zuurberge etc. Kap-Kolonie.	Tees am Zambesi.	Ecka-Schichten, Kap-Kolonie.	Kimberley, Beh. Griqua-Land W.	Beaufort-Schichten, Kap-Kolonie.	Glossopteris-Sch. Natal.	Stormberg-Schichten.
Animalia.								
Vermes.								
Serpulites Sica Salter	+	.	.	.	.	.	.	.
Echinodermata.								
Ophiocrinus Stangeri Salter	+	.	.	.	.	.	.	.
Mollusca.								
Terebratula Baini Sharpe	+	.	.	.	.	.	.	.
Spirifer Orbignii Morr. et Sh.	+	.	.	.	.	.	.	.
„ *antarcticus* M. et Sh.	+	.	.	.	.	.	.	.
Orthis palmata M. et Sh.	+	.	.	.	.	.	.	.
Strophomena Baini Sh.	+	.	.	.	.	.	.	.
„ *Sulivani* M. et Sh.	+	.	.	.	.	.	.	.
Chonetes sp.	+	.	.	.	.	.	.	.
Orbicula Baini	+	.	.	.	.	.	.	.
Solenella antiqua Sh.	+	.	.	.	.	.	.	.
„ *rudis* Sh.	+	.	.	.	.	.	.	.
Cleidophorus (Cucullela) *Africanus* Salter	+	.	.	.	.	.	.	.
„ *abbreviatus* Sh.	+	.	.	.	.	.	.	.
Leda inornata Sh.	+	.	.	.	.	.	.	.
Leptodomus (?) *ovatus* Sh.	+	.	.	.	.	.	.	.
Sanguinolites (?) *corrugatus* Sh.	+	.	.	.	.	.	.	.
Modiolopsis (?) *Baini* Sh.	+	.	.	.	.	.	.	.
Anodontopsis (?) *rudis* Sh.	+	.	.	.	.	.	.	.
Iridina (?) *rhomboidalis* Sh.	.	.	.	.	.	+	.	.
„ (?) *ovata* Sh.	.	.	.	.	.	+	.	.
Cyrena (?) sp.	.	.	.	.	.	.	.	.
Littorina (?) *Baini* Sh.	+	.	.	.	.	.	.	.
Bellerophon (Euphemus) *quadrilobatus* Salter	+	.	.	.	.	.	.	.
Conularia Africana Sh.	+	.	.	.	.	.	.	.
Theca subaequalis Salter	+	.	.	.	.	.	.	.
Tentaculites cristatinus Salter	+	.	.	.	.	.	.	.
Crustacea.								
Homalonotus Herscheli Murch.	+	.	.	.	.	.	.	.
Phacops (Cryphaeus) *Africanus* Salt. . .	+	.	.	.	.	.	.	.
Phacops Caffer Salt.	+	.	.	.	.	.	.	.

	Bokkeveld-Schichten (Devonisch)	Karbonisch		Karoo-Formation					
		Zwartberge, Zunrberge etc. Kap-Kolonie	Teete am Zambesi	Untere (Perm?)			Mittlere		Obere
				Ethe-Schichten, Kap-Kolonie	Kimberley, Geh. Oranje-Land u. W.	Beaufort-Schichten, Kap-Kolonie	Glossopteris-Sch. Natal		Stormberg-Schichten
Typhlonixcus Baini Salt.	+	.	.	.	.	.	.	.	.
Estheria sp.	.	.	.	.	.	.	+	.	.
Pisces.									
Palaeoniscus (?) Baini Ether.	.	.	.	.	.	.	+	.	.
„ (?) *sculptus* Ether.	.	.	.	.	.	.	+	.	.
Hypterus Baini Ow.	.	.	.	.	.	.	+	.	.
Semionotus capensis Sm. Woodw.	.	.	.	.	.	.	.	.	+
Cleithrolepis Extoni Sm. Wodw.	.	.	.	.	.	.	.	.	+
Reptilia.									
Tapinocephalus Atherstonei Ow.*)	.	.	.	.	.	.	?	.	.
Parciasaurus serridens Ow.*)	.	.	.	.	.	.	?	.	.
„ *bombidens* Ow.*)	.	.	.	.	.	.	?	.	.
Anthodon serrarius Ow.*)	.	.	.	.	.	.	?	.	.
Lycosaurus pardalis Ow.	.	.	.	.	.	.	+	.	.
„ *tigrinus* Ow.	.	.	.	.	.	.	+	.	.
„ *curvimola* Ow.	.	.	.	.	.	.	+	.	.
Tigrinuchus simus Ow.	.	.	.	.	.	.	+	.	.
Cynodracon serridens Ow.	.	.	.	.	.	.	+	.	.
„ *major* Ow.	.	.	.	.	.	.	+	.	.
Cynochampsa laniarius Ow.	.	.	.	.	.	.	+	.	+
Cynosuchus suppostus Ow.	.	.	.	.	.	.	+	.	.
Galesaurus planiceps	.	.	.	.	.	.	+	.	.
Nythosaurus larvatus Ow.	.	.	.	.	.	.	+	.	.
Scaloposaurus constrictus Ow.	.	.	.	.	.	.	+	.	.
Procolophon tigroniceps Ow.	.	.	.	.	.	.	+	.	.
„ *minor* Ow.	.	.	.	.	.	.	+	.	.
Gorgonops torvus Ow.	.	.	.	.	.	.	+	.	.
Dicynodon lacerticeps Ow.	.	.	.	.	.	.	+	.	.
„ *leoniceps* Ow.	.	.	.	.	.	.	+	.	.
„ *Baini* Ow.	.	.	.	.	.	.	+	.	.
„ *tigriceps* Ow.	.	.	.	.	.	.	+	.	.
„ *pardiceps* Ow.	.	.	.	.	.	.	+	.	.
„ *rechidens* Ow.	.	.	.	.	.	.	+	.	.
„ *curvatus* Ow.	.	.	.	.	.	.	+	.	.
„ *feliceps* Ow.	.	.	.	.	.	.	+	.	.
„ *testudiceps* Ow.	.	.	.	.	.	.	+	.	+
„ *recurvidens* Ow.	.	.	.	.	.	.	+	.	.
„ *dubius* Ow.	.	.	.	.	.	.	+	.	.
„ *Murrayi* Huxley	.	.	.	.	.	.	?	.	.

*) Bei diesen 4 Arten ist der Horizont nicht sichergestellt.

	Bokkeveld-Schichten (Devonisch)	Karbonisch		Karroo-Formation				
				Untere (Perm?)		Mittlere		Obere
		Zwarteberge etc. Kap-kolonie	Tete am Zambesi	Ekka-Schich. etc. Kap Kolonie	Kimberley Sch. Griqua Land W.	Beaufort-Schichten, Kap-Kolonie	Glossopteris Sch. Natal	Stormberg Schichten
Dicynodon simocephalus Weith.*)						?		
Ptychognathus declivis Ow.						+		
„ *latirostris* Ow.						+		
„ *boopis* Ow.						+		
„ *verticalis* Ow.						+		
„ *Alfredi* Ow.						+		
„ *depressus* Ow.						+		
Oudenodon magnus Ow.						+		
„ *brevirostris* Ow.						+		
„ *Baini* Ow.						+		
„ *prognathus* Ow.						+		
„ *Greyi* Ow.						+		
„ (?) *strigiceps* Ow.						+		
„ *raniceps* Ow.						+		
„ *megalopus* Ow.						+		
Theriognathus microps Ow.						+		
Kisticephalus microrhinus Ow.						+		
„ *leptorhinus* Ow.						+		
„ *chelydroides* Ow.						+		
„ *planiceps* Ow.						+		
„ *bathygnathus* Ow.						+		
„ *arctatus* Ow.						+		
Endothiodon bathystoma Ow.						+		
Petrophryne granulata Ow.						+		
„ *major* Ow.						+		
Paurosternon Baini Ow.						+		
Euskelesaurus Browni Huxl.								+
Rytidosteus capensis Ow.								
Mammalia.								
Tritylodon longaevus Ow.								+
Thériodesmus phylarchus Seeley						+		
Plantae.								
Equisetaceae.								
Equisetum sp?		+						
Calamites sp.		+						
Calamodendron cruciatum Stbg.			+					
Annularia stellata Schloth. sp.			+					
Sphenophyllum oblongifolium Germ. Kaulf.			+					
Sphenophyllum majus Brongt. sp.			+					

*) Horizont nicht sichergestellt.

6. Dr. Ot. Feistmantel:

	Dakarmeld-Schichten (Dwaka)	Karbonisch		Karoo-Formation			
		Zwartberg etc. Kap-Kolonie	Tete am Zambesi	Untere (Perm?)		Mittlere	Obere
				Ecca-Schicht. Kap-Kol.	Kimberley Sch. trans. Land	Beaufort Schichten Kap-Kolonie	Stormberg Schichten Natal
Schizoneura (?) africana n. sp.						+	
Phyllotheca (?) sp.							
Stammfragment							+
Filices.							
Sphenopteris elongata Carr.							+
Thinnfeldia odontopteroides Feistm.							+
Thinnfeldia trilobita (?) Johnst.							+
Pecopteris arborescens Schloth. sp.		+					
„ cyathea Schlth. sp.		+					
„ unita Brgt.		+					
„ polymorpha Bgt. sp.		+					
Alethopteris Grandini Brgt. sp.		+					
Alethopteris (cmp. Asplenium nebbense Heer)							+
Callipteridium ovatum Brgt. sp.		+					
Taeniopteris Carruthersi T. Woods							+
Taeniopteris Daintreei Mc'Coy							+
Anthrophyopsis (?) sp.							+
Glossopteris Browniana Brgt.				+		+	
„ angustifolia Brongt.						+	
„ Tatei n. sp.						+	
„ communis Feistm.						+	
„ stricta Bunb. sp.						+	
„ retifera Feistm.						+	
„ damudica Feistm. var. stenoneura						+	
Gangamopteris cyclopteroides Feistm. var. attenuata					+		
Rubidgea Mackayi Tate						+	
Lycopodiaceae							
Selaginites sp.		+					
Lepidodendron sp.		+					
Lepid. cf obovatum Stbg.		+					
Lepidostrobus sp.		+					
Lepidophloeus (?) sp.		+					
Halonia sp.		+					
Knorria sp.		+					
Sigillaria sp.		+					
Stigmaria sp.		+					

	Bokkeveld-Schichten (Devonisch).	Karbonisch.		Karoo-Formation.					
		Zwarteberg, Zuurberg etc. Kap-Kolonie	Tete am Zambesi	Untere (Perm?)			Mittlere		Obere
				Ecca-Schichten, Kap-Kolonie	Kimberley, Schichten, Orange-Land W.	Beaufort-Schichten, Kap-Kolonie	Glossopteris-Sch. Natal	Stormberg Schichten
Cycadeaceae.								
Podozamites (Zeugophyllites) elongatus Morr. sp. (Feistm.)	.	.	.	.	.	.	.	+
Podozamites (Zeugophyllites) sp.	.	.	.	.	.	.	.	+
Noeggerathiopsideae.								
Noeggerathiopsis Hislopi Feistm. . . .	.	.	.	.	+	.	.	.
Coniferae.								
Baiera Schencki n. sp.	.	.	.	.	.	.	.	+

Nachträge und Ergänzungen zu diesem I. Theil.

Während diese Abhandlung durch die Presse ging, kamen mir einige neuere auf diesen Gegenstand Bezug habende Publikationen zur Hand, die hier Erwähnung verdienen, während auch in anderer Richtung einzelne Ergänzungen und Berichtigungen erforderlich geworden sind. Ich will dabei in derselben Ordnung vorgehen, wie sie in der Abhandlung eingehalten wurde.

Literatur.

1879. **Medlicott** and **Blanford**: *A Manual of the Geology of India.* Calcutta 1879. Vol. I.

Darin werden bei Besprechung des indischen Gondwána-System, das dort in ausgezeichneter Weise von Herrn W. T. Blanford geschildert wird, auch seine Beziehungen zu den Ablagerungen (Karooformation) in Süd-Afrika erörtert (Seiten 122—124). Die Schichtenfolge ist dort vollkommen korrekt gegeben, nur dass jetzt die Koonap-Schichten mit den Ekkaschichten zu vereinigen sind. Doch wird darin deutlich auf die Beziehungen der Beaufortschichten zu den Damuda- und Pantschetschichten hingewiesen. Darauf wird auf Seite 123 deutlich das Vorkommen von Kohlenpflanzen an einigen Orten in Süd-Afrika erwähnt; Herr Blanford schreibt: „In other South African localities however, true carboniferous deposits with Lepidodendron, Sigillaria etc. underlie the Karoo series unconformably".

Dieses Werk wurde nur durch ein Versehen meinerseits aus der Hauptliste vorn ausgelassen.

Ebenso deutlich spricht sich Herr W. T. Blanford in seiner vorn angeführten Presidential Address (Montreal Meeting) 1884 aus, indem er sagt: „As in Australia, the underlying Palaeozoic rocks contain a flora allied to the Carboniferous Flora of Europe".

Auf diese Citate hier ist umso mehr Werth zu legen, als Herr W. T. Blanford gerade diesen Gegenstand ganz besonders bemeistert.

1889. **Seeley**, H. G.; *Researches on the Structure, Organisation and Classification of the Fossil Reptilia.* III. *On parts of the Skeleton of a Mammal from Triassic Rocks of Klipfontein Fraserberg, South-Africa.* etc. — In: Philosoph. Transact. of the Roy. Soc. of London (for 1888) publ. 1889. Vol. 179, pp. 141—155. Pl. 26.

Diese Abhandlung ist insofern sehr wichtig, als darin der Rest eines zweiten Säugethieres aus der Karooformation und zwar, wie es scheint, aus den Beaufortschichten, beschrieben wird; Seeley nennt dieses Thier: *Theriodesmus phylarchus*, und schreibt darüber, Seite 141:

„Among specimens collected from various localities in the Cape Colony by Mr. Thomas Bain and deposited in 1878 in the British Museum is a small counterpart slab, 8" long by 5½", wide, now registered under the number 49392. It was labelled by its discoverer: „The band of a Saurian, from Klipfontein, Fraserberg, South-Africa", and this determination escaped question. Its exact geological horizon is unfortunately unknown, but is probably the same as that of the Dicynodont Reptiles collected with it, which are on many grounds regarded as Triassic".

Diese Angabe dürfte wohl für Beaufortschichten sprechen; Fraserberg ist wohl für Fraserberg gemeint, das etwas n. w. von Beaufort W. gelegen ist; und dann spricht auch die Vergesellschaftung von Dicynodonten wohl für diesen Horizont — wenn es sich bestätigt, dass Dicynodon in der Stormbergschichten nicht vorkommt. In der allgemeinen Übersichtstabelle der Fossilien habe ich diese Art mit aufgenommen.

Es scheint, dass wir von Prof. Seeley in nächster Zeit weitere Aufschlusse über die Geologie Süd-Afrika's zu erwarten haben.

1889. **Schenck**, Dr. Adolf: *Über Glacialerscheinungen in Süd-Afrika.* — In: Verhandlungen des VIII. Deutschen Geographentages in Berlin.

Auf Seite 31 dieser Abhandlung habe ich, unter der Linie darauf hingewiesen, dass wir von Dr. Schenck nähere Berichte über das Dwykaconglomerat zu erwarten haben. Dieselben liegen in obiger Schrift vor. Ich brauche nicht näher auf den Inhalt einzugehen; es genügt, wenn ich das auf Seite 161 gegebene Endresultat reproducirte. Dort heisst es:

„Eine diluviale Eiszeit ist mit Sicherheit in Südafrika bis jetzt nicht nachgewiesen. Dagegen treten im Bereiche der Karrooformation, welche etwa die Zeit vom oberen Karbon bis in die Trias umfasst, alte Konglomerate, (Dwyka-Konglomerat, Vaal-Konglomerat)*) auf, welche sowohl durch ihre ganze Struktur, wie auch durch die eingeschlossenen gekritzten Geschiebe und durch ihre geglättete und geschrammte Unterlage sehr an solche Ablagerungen erinnern, die wir als typisch glaciale ansehen".

Ergänzung zu Dr. Gürich über die Bokkeveldschichten, ebenso weitere Bemerkungen zu den Zuurbergschichten.

Auf Seite 25, bei Besprechung der Bokkeveldschichten, und auch schon auf Seite 16, im Kapitel Literatur, habe ich darauf hingewiesen, dass diese Schichten als devonisch anzusehen seien, „ohne dass ein bestimmter Horizont anzugeben wäre", und berief mich dabei auf Dr. Gürich's Aufsatz (1889) Seite 78, wo sich der genannte Autor deutlich in diesem Sinne ausspricht.

Ich übersah aber, dass Dr. Gürich auf derselben Seite weiter schreibt: „Wie schon Sharpe und Salter hervorgehoben haben, sind die auftretenden Formen, ihr Zusammenvorkommen, ja selbst der Habitus der Grauwackengesteine von ausgesprochen unterdevonischem Typus". — Diess steht eigentlich nicht recht im Einklange mit Dr. Gürich's unmittelbar vorangehender Behauptung, die ich auf Seite 16 (dieser Schrift), citierte.

Doch habe ich bei Sharpe und Salter (wohl in Bain's Abhandlung über Süd-Afrika) nicht finden können, dass sie den unterdevonischen Typus der Fossilien der Bokkeveld so entschieden in den Vordergrund stellen; im Gegentheil sprechen sie zumeist nur von Devonian. Ich will hier zur Vermeidung von Missverständnissen und zur Bekräftigung meiner Behauptung die verschiedenen, hieher bezughabenden Stellen anführen.

Auf Seite 203 (Bain l. c.) wird deutlich hervorgehoben, dass die Fossilien der Bokkeveld von solchen in anderen bestimmten Formationen beschriebenen verschieden sind, und auf Seite 204 heisst es:

„This comparison, however, while it tends to invalidate the conclusion that any of them are from true Silurian strata, as formerly supposed, makes it very probable that they belong to the Devonian".

„This interesting fact teaches us that the Devonian formation had a very wide range in the Southern Hemisphere ..."

Bei der Beschreibung der Arten (Bain, l. c. 206—224), die ich vorn (22—24) wiedergegeben habe, weisen die beiden Autoren wiederholt darauf hin, dass die Arten von allen schon beschriebenen sich unterscheiden, und speciell geschieht diess so bei den meist charakteristischen Arten. So heisst es bei:

Homalonotus Herschelii Murch., Seite 216: „The species is sufficiently distinct from *H. armatus*, figured by Burmeister from the Devonian rocks of the Rhine; it is nevertheless very closely allied to it".

Ebenso Seite 217: „This species differs at a glance from the related species *H. armatus* Burm...." — Auch von *H. Pradoanus* Vern. unterscheidet sich die süd-afrikanische Species; und auf Seite 218 heisst es mit Bezug darauf: „There is indeed no near resemblance. Both the last species belong to a group of *Homalonoti* only known in the Lower Devonian rocks". — Und von diesen beiden ist *H. Herschelii* verschieden.

---
*) Diess ist das nördlich von der Karoo gelegene.

Auch wird die Angabe von D'Archiac und De Verneuil, dass diese Art (H. Herschelii) in dem Rheinischen Devon vorkommt, als eine irrige bezeichnet.

Ebenso wird bei *Typhloniscus* hervorgehoben, dass diese Gattung besonders von dem Devonischen Typus *Crotalocephalus* Salter abweicht.

Auch bei *Tentaculites crotalinus* Salter wird auf den Unterschied von der rheinischen Art *T. annulatus* deutlich hingewiesen.

Dagegen werden drei Arten deutlich als sehr nahe verwandt mit **karbonischen** Formen hingestellt und zwar:

Strophomena Bainii Sharpe (Seite 208—209), bei der es heisst: „This shell much resembles *Strophomena Bechei* M'Coy sp. Carb. Foss. Ireland pl. 22. f. 3."

Theca subaequalis Salter — p. 215: „The present species appears distinct from any published. It might have been referred to the *T. lanceolata* Sowerby and Morris, from New-South Wales,*) but that species has a more trigonal internal cast etc."

Conularia. Neben *Conularia africana* Sharpe werden noch einige unvollständige Exemplare einer anderen Art von *Conularia* erwähnt, p. 214 „which is more nearly related to *C. quadrisulcata* of the Coalmeasures of Coalbrook dale . . . . **) but the specimens are not in condition to admit of good comparison".

Endlich kommen die Autoren zu den Schlussbetrachtungen, und ich sehe mich genöthigt, hier letztere vollständig wiederzugeben; der betreffende Absatz ist nicht lang und lautet, Seite 224:

„*Conclusion*. It will be seen by the palaeontological reader, that, of the twenty-seven species here described, all, with two exceptions, belong to genera known in Devonian strata, and some of them to forms of those genera peculiarly characteristic of such rocks. This is especially to be noted in the case of the broadwinged *Spiriferi* — the spinose *Homalonoti* — the fantailed species of *Phacops* — and the *Tentaculites* which looks so like *T. annulatus* of the Rhenish Provinces, that it has been indentified as such.***) In no other formation can such an association as of the above forms with species of *Cucullella*, *Bellerophon*, *Conularia*, *Chonetes* und *Strophomena*, be discovered, and hence, in the absence of any true Silurian species or even of any purely Silurian genus, we are compelled to regard the formation as Devonian.

Of the two undescribed genera, one (Typhloniscus) is a remarkable Trilobite, so closely resembling a Lower Silurian genus, that it was long before its true characters were made out. Yet when closely examined, it turns out to be one of the many forms of the family *Cheiruridae* — a group especially abundant at or near the base of the Devonian System.

The other a *Crinoid*, which we have called *Ophiocrinus*, is more nearly related to Devonian forms of *Rhodocrinus* than to any other. These genera do not therefore invalidate the above conclusion".

Es war daher den Herren Sharpe und Salter besonders darum zu thun zu zeigen, dass die von ihnen beschriebenen Petrefakte, die ich auf Seiten 22—24 citiert habe, aus Schichten kommen, die nicht, wie dies Bain that, als **obersilurisch**, sondern als **devonisch**, aufzufassen sind — über den speciellen Horizont haben sie sich aber nicht geäussert.

Es entspricht daher meine Darstellung ganz der Natur der Sache.

Ich glaube, es ist dadurch auch die Stellung der Zuurbergschichten, wie ich selbe darstelle, in nichts beeinflusst, zumal ja schon Bain selbst in Albany und westlich davon, sowohl auf der Karte, als auch im Texte eine „**Carboniferous Formation**" ausscheidet, die den Zuur-Berg (westlich von Grahamstown) einschliesst.

Ich mache hier besonders auf die, auf Seite 178 (Bain l. c.) gegebene Tabelle der Schichten aufmerksam, als auch auf die Beschreibung, Seite 183, wo es heisst:

---

*) Aus dem Karbon.
**) Transact, Geolog. Soc. 2nd. Series vol. V. pl. 40. f. 2.
***) Dies that Sandberger — doch haben Sharpe und Salter deutlich auf die Unterschiede hingewiesen.

„The fundamental rock of all the country stretching from Gamtoos River to the Great Fish river and bounded to the northward by the Bothas Hill and Zuurberg Ranges appears to be that of our Carboniferous Formation, which lithologically differs but little from the quartzose sandstones of the Silurian (?) ringes of the western parts of the colony..."

Seite 184:

„No workable coal has yet been discovered in this formation; but I am told that numerous species of carboniferous plants have lately been found near the Kowie river in the talcose shist".

Dazu ist eine Bemerkung unter der Linie: „A specimen of micaceous shistose rock with Lopidodendron-like impressions, from Kowie River, is in the Society's Museum" — und ich habe vorn auch noch andere Lokalitäten genannt, woher Steinkohlenpflanzen angegeben werden, natürlich mit Eliminierung der Lokalität in den Stormbergen.

Unmöglich könnten aber die Steinkohlenpflanzen in das Gebiet der Ekkaschichten versetzt werden, denn diese haben ihre eigene Flora; und wenn auch vielleicht die Zuurborg- und Zwartebergschichten als oberstes Devon sich erweisen sollten, ist noch immerhin hervorzuheben, dass erst neulich, besonders von Prof. Green, eine Diskordanz zwischen diesen Schichten und dem Dwykaconglomerat behauptet wird, die selbst Dr. Gürich (l. c. 1889 p. 79) wenigstens theilweise zugestehen möchte.

Wenn auch Dr. Schenck in seiner Kapformation den Tafelbergsandstein als aequivalent den Bokkeveldschichten hinstellt und die Zwarteberg- und Zuurbergquarzite zum Tafelbergsandstein verweist, hebt er doch (1888 l. c. p. 3.) deutlich hervor, dass in den Bokkeveldbergen in Schichten dieser Formation Versteinerungen von devonischem Typus gefunden wurden, während aus den Quarziten der Zuurberge karbonische Pflanzenreste angegeben werden; und in seinem, vorn angeführten Aufsatze (1889) wird auf Seite 146 die Kapformation deutlich als „von devonischem und karbonischem Alter" hingestellt.

Die von mir Seite 28 gegebene Schichtenfolge dürfte daher doch wohl den Verhältnissen am besten entsprechen.

Ergänzung zu den Ekka-Kimberley-Schichten

Ich habe vorn, auf Seiten 31—36 die Verhältnisse der Ekka-Kimberleyschichten erörtert, und gezeigt, dass neuester Zeit sowohl Dunn als Dr. A. Schenck die Sache so darstellt, dass die früheren Ekkaschichten in der Umgegend von Kimberley durch eine mächtige Folge von schwarzen Schiefern vertreten sind; ähnliche schwarze Schiefer liegen auch bei Camdeboo und am Buffels river; diese erinnern, wie schon erwähnt, stark an die Karharbári-Kohlenschichten in Indien, während im Ekkathale, bei Grahamstown, andere Schiefer, von grau-olivegrüner Farbe vorkommen, und lebhaft an die Táltschir-Schiefer in Indien erinnern. Die Darstellungen von Dunn und Dr. Schenck könnten daher vielleicht so aufgefasst werden, dass damit lediglich die Zugehörigkeit der beiden Schichtengruppen zu derselben Abtheilung illustriert werden sollte, während doch die granolivegrünen Schiefer einen tieferen Horizont bilden könnten, ähnlich wie es in Indien bei den Táltschir- und Karharbárischichten der Fall ist.

Ich habe mich vorn schon in dieser Weise geäussert; vergl. Seite 29., 31. und 36; an den übrigen Stellen, wo von einer Aequivalenz der Ekka- und Kimberleyschichten gesprochen wird, muss diess in der eben angegebenen Weise interpretiert werden.

Ergänzung zu den Übersichtstabellen.

Die mir jüngst zugesandte Nummer der „Proceedings of the Asiatic Society of Bengal", für Februar, 1889, enthält den Bericht über die in diesem Monate (den 6.) abgehaltene feierliche Jahresversammlung, bei welcher Gelegenheit der Praesident, Lieut. Colon. J. Waterhouse in einer ziemlich umfangreichen Addresse einen Überblick aber den wissenschaftlichen Fortschritt, mit Bezug auf Indien, während 1888 vorfuhrte. Auf Seiten 86—92 wird über „Geology" gesprochen, dabei wird eine Übersichtstabelle der indischen Schichten mitgetheilt, wie sie Herr W. T. Blanford für den Internationalen Geologen-Congress, London, 1888 verfasst hat. Die Verhandlungen dieses Congresses sind, wie ich glaube, noch nicht publiciert, und muss ich mich auf die Wiedergabe der genannten Tabelle nach obiger Quelle beschränken; denn sie ist von bedeutendem Interesse, namentlich mit Rücksicht auf die Schichtenfolge im Halbinselgebiete, die ich allein hier berücksichtigen will, weil sie das Gondwána-System umfasst, das der Karoo-Formation in Süd-Afrika analog ist.

Herr Waterhouse schreibt auf Seite 86:

„The general classification of the Indian formations has received its latest modification at the hands of Dr. W. T Blanford, President of the Geological Society, of London, in a note prepared for the late meeting in September last, in London, of the International Geological Congress; on the basis of classification given in the „Manual of the Geology of India" published in 1879 the most important alterations or corrections being the placing of the Vindhyans as lower Palaeozoic and a rearrangement of the Transition series".

Darauf hin werden die Schichtengruppen aus dem Halbinselgebiete und aus dem Ausserhalbinselgebiete separat angeführt. Ich gebe nur den wichtigsten Theil aus dem ersteren hier wieder. Für die Richtigkeit bürgt natürlich einzig und allein der Referent in den Proc. Asiat. Soc. Bengal. — Ich gebe korrekt den dortigen Wortlaut

		India		Europe
		Verschiedene Schichten, welche die Kreide, das Tertiär und die recenten Formation repräsentieren.		
Gondwána-System	Upper	4. Cutch and Jabalpur .... 3. Kota-Maleri	Umia and Katrol of Cutch. — Tripati Sandstones, Ellore. — Chari and Patcham of Cutch. — Ragavapurambeds, Ellore.	Jurassic.
	Lower	2. Mahadeva .... 1. Rajmahal .... 4. Panchet 3. Damuda { Raniganj / Barákar 2. Karharbari .... 1. Talchir	?	Triassic. Carboniferous.
Vindhyan.	Upper	....	Bhanrer .... Rewah .... Kaimur .... Son, — Semri. — Kadapa. — Saladgi Aravalli .... Transitions of Behar and Shillong.......... Ordinary Gneiss of Peninsula . . Bundelkhand Gneiss	Devonian-Cambro-Silurian. Archean.
	Lower			

Hier ist daher die Panchet-Damuda-Gruppe, die ich als mittlere Abtheilung des Gondwána-System unterscheide und den Beaufortschichten in Süd-Afrika gleichstelle, auch als Triassisch bezeichnet, eine Auffassung, die ich von Anfang an behauptet habe. Selbe stimmt auch mit meinen in dieser Schrift gegebenen Tabellen überein, nur dass bei mir die **Karharbári-Táltschirschichten** als Perm fungieren, während nur das Táltschir-Conglomerat ins Karbon fällt.

Kleinere Berichtigungen im Texte.

In der Tabelle, Seite 39, Colonne „N. S. Wales", soll es heissen: „Obere Marine-Schichten mit Blöcken", anstatt „Marine-Schichten mit Blöcken".

Auf Seite 51, ist bei der Art „*Lycaenurus curvimola* Ow." mit Rücksicht auf die Lokalität zu ergänzen, dass auf der Karte von Hain westlich von Fort Beaufort ein „Kaga Mt" sich befindet, und dies wohl die richtige Lokalität (im Gebiete der Beaufortschichten) sein dürfte; „Kaga Berg", wie es Owen schreibt, wäre vielleicht nur ein Versehen.

Auf Seite 62, Zeile 17 von oben steht „Mooris" anstatt „Morris".
Auf Seite 63, Zeile 12 von oben soll „Mareyes" anstatt "Mayres" stehen.

» » 68, » 13 v. u. lese „Pal. u. mesoz." anst. „Pal. et mesoz."
» » 64, » 11 v. o. lese „Panchet and Damuda.." anst. „Panchet et Damuda.."
» » 70, » 11 v. o. lese „sie" anst. „sle."
» » 70, » 18 v. u. lese „Vorkommnisse" anst. „Vorokmmnisse".
» » 73, » 6 v. u. lese „rhätisch-liasisch zu" anst. „rhätisch-liasischzu".
» » 77, » 13 v. o. lese „Karbon u. Perm" anst. „Karbonu-Perm".

In der Tabelle Seite 79 soll, in Kolonne 3. u. 4., die Zeile: „Táltschir-Schiefer" der Zeile: „Ekka-Schichten", und die Zeile: „Dwykaconglom." mehr der Zeile „Táltschir-Conglom." gegenüber stehen.

Tafel I.

Fig. 1. *Thinnfeldia odontopteroides* Feistm. (Morr. sp.). — Zwei Bruchstücke von dichotomen Fiedern; nat. Grösse.
" 1a. Ein Fiederchen vergrössert, die Nervatur zeigend.
Lokalität: Über dem Kohlenlager an der Indwe, Stormberge, oestl. Kap-Kolonie. Stormbergschichten (Obere Karooformation). In olivegrünlich-blauem, feinthonigem Schiefer.

Fig. 2. *Thinnfeldia odontopteroides* Feistm. (Morr. sp.). — Dichotomes Fiederblatt, mit kleinen, dreieckigrundlichen Fiederblättchen. Nat. Gr.
" 2a. Fiederblättchen vergrössert, mit Nervatur.
Lokalität: wie oben; Horizont derselbe. Grauer, feiner, harter Schiefer.

Fig. 3. *Thinnfeldia odontopteroides* Feistm. (Morr. sp.). — Dichotome Fiedern, mit länglich ovalen Blättchen. Nat. Gr.
" 3a. Blättchen vergrössert.
Lokalität: wie oben; Horizont derselbe; lichtgrauer, feiner, harter Schiefer.

Fig. 4. *Thinnfeldia odontopteroides* Feistm. (Morr. sp.). — Eine dichotome und zwei einzelne Fiedern, mit verschiedenartig gestalteten Blättchen. Nat. Gr.
" 4a. Vergrösserte Blättchen die Nervatur darstellend.
Lokalität: Über dem Kohlenlager von Cyphergat, Stormberge, oestl. Kap-Kolonie; Stormbergschichten. (Obere Karooformation). — In grauem feinthonigen Schiefer.

Fig. 5. *Thinnfeldia odontopteroides* Feistm. (Morr. sp.). — Mehrere Fiedern, auf einem Stück beisammen, einfache und dichotome, mit verschiedenartig gestalteten Fiederchen.
" 5a, b, c, d. — Einzelne Blättchen vergrössert, die verschiedenen Nervationsstufen versinnlichend.
Lokalität: Über dem Kohlenlager an der Indwe, Stormberge. Stormbergschichten. (Obere Karooformation.) In lichtgrauem, hartem Schiefer.

Fig. 6. *Thinnfeldia odontopteroides* Feistm. (Morr. sp.). var. ? — Zwei Fiedern eines dichotomen Blattes — eine von den übrigen etwas abweichende Form — im Wesentlichen aber doch übereinstimmend.
" 6a. Vergrösserte Blättchen von derselben, die Nervation darstellend.
Lokalität: Wie bei der vorigen; Horizont derselbe. In feinthonigem, olivegrünlichem Schiefer.

Tafel II.

Fig. 1. *Thinnfeldia odontopteroides* Feistm. (Morr. sp.). var.? — Zwei Fiedern, die wohl zu einem dichotomen Blatt gehören. Nat. Gr.
  1a. Zwei Fiederchen vergrössert.
    Lokalität: Über dem Kohlenlager an der Indwe, oestl. Kap-Kolonie; Stormbergschichten. (Obere Karooformation). Grünlich grauer feinthoniger Schiefer.

Fig. 2. *Thinnfeldia* cf. *trilobita* Johnst. — Zwei Fiederspitzen, die allem Anscheine nach zu einer dichotomen Hauptfiedar angehören.
  2a, b. Vergrösserte Blättchen, mit der Nervatur.
    Lokalität: Wie oben; Horizont derselbe. In lichtgrauem, hartem, feinem Schiefer.

Fig. 3. *Thinnfeldia odontopteroides* Feistm. (Morr. sp.). — Nat. Gr.
  3a. Fiederchen vergrössert.

Fig. 4. *Anthrophyopsis* sp. (conf. *obovata* Nath.) Fragment. Nat. Gr.

Fig. 5. *Podozamites elongatus* var. *latior*. — Blattstück. Nat. Nr.
    Lokalität für 3—5: Alle auf einem Schieferstück zusammen, —: über dem Kohlenlager von Cyphergat, Stormberge, Stormbergschichten. (Obere Karooformation.) In grauem feinthonigem Schiefer.

Fig. 6—10. *Taeniopteris Carruthersi* T. W. (Feistm.). — Mehrere Exemplare verschiedener Blatttheile; fig. 6 einzelne Mitteltheile; 6a. stellt die Nervatur dar; dichotome Nerven einzelne davon wieder anastomosierend. Fig. 7. der untere Theil des Blattes, mit dichotomen, aber auch theilweise wieder anastomosierenden Nerven (7a, 7b). Fig 8. der Obertheil eines Blattes, 8a. Nervatur. Fig. 9. ein Mitteltheil, mit etwas näher gestellten, mehr verzweigten und anastomosierenden Nerven. (9a). Fig. 10. ähnlich wie 9, nur ein grösseres Stück.
    Lokalität: Über den Kohlenschichten an der Indwe, Stormberge; Stormbergschichten. (Obere Karooformation.) Lichtgraner harter Schiefer.

Fig. 11. *Taeniopteris Daintreei* Carr. — Der Untertheil eines jedenfalls viel kleineren und schmäleren Blattes, als bei der vorigen Art, was besonders auch aus dem viel dünneren Mittelnerven geschlossen werden muss.
    Lokalität: Wie bei den vorigen (6—10).

Fig. 12. *Asplenium* cf. *nebbense* Brgt. (Heer). — Ein Fiederbruchstück.
  12a. Blättchen vergrössert.
    Lokalität: Wie bei den vorigen (6—11).

Fig. 13. *Podozamites elongatus* Feistm. (Zeugophyllites Morr.). — Ein Blatt.
    Lokalität: Wie bei der vorigen Art.

Tafel III.

Fig. 1—2. *Baiera Schencki* n. sp. (Vergl. B. Münsteriana Hoer und B. paucipartita Nath). — Zwei Blätter natürl. Grösse.

" 1a, 2a. Blättchentheile vergrössert, um die Verhältnisse der Nervatur zu veranschaulichen.

Lokalität: Schichten über dem Kohlenlager an der Indwe, Stormbergschichten. (Obere Karooformation.) Gelblichgrauer, feinthoniger Schiefer.

Fig. 3—4. *Podozamites* (Zeugophyllites) *elongatus* Morr. sp. (Feistm.). — Mehrere Blattfragmente. Nat. Grösse.

Lokalität: Molteno Kohlenschichten, in den Stormbergen, Stormbergschichten. Grünlichgrauer, feinthoniger Schiefer.

Fig. 5—6. *Baiera Schencki* n. sp. — Bruchstücke von Blättern. Nat. Grösse.

Lokalität: wie bei Fig. 1, 2; Stormbergschichten. (Obere Karooformation.)

Fig. 7. *Podozamites* (Zeugophyllites) *elongatus* Morr. sp. (Feistm). — Einzelnes Blatt. Nat. Grösse.

Lokalität: Über dem Kohlenlager an der Indwe, Stormberge, Stormbergschichten. (Obere Karooformation.) In grauem, hartem (wie ausgebranntem) Schiefer.

Fig. 5a. und 8. *Thinnfeldia odontopteroides* Fstm. (Morr. sp.). Nat. Grösse.

" 8a. Fiederchen vergrössert, mit Nervatur.

Lokalität: Wie bei der vorigen Art; Stormbergschichten. (Obere Karooformation.) 5a in gelblichgrauem, feinthonigem Schiefer; 8. in lichtgrauem (ins gelbliche) hartem Schiefer.

Fig. 9. *Equisetaceen*-Stammfragment (Conf. Schizoneura hoerensis Nath.).

Lokalität: Wie bei der vorigen Art; Stormbergschichten. (Obere Karooformation.) In gelblichgrauem feinthonigem Schiefer. — Auf der Unterseite des Stückes Wellenfurchen (Ripplemark).

Tafel IV.

Fig. 1. *Noeggerathiopsis Hislopi* Feistm. — Ein grosses Exemplar eines Blattes, ziemlich deutlich die Nervatur zeigend. Dies Exemplar stammt aus feinem Sandstein bei Kimberley, Kimberley-Schichten und wurde dort von Herrn M. A. Moulle gesammelt und wurde auch schon von den Herren R. Zeiller und B. Renault als solches bestimmt.

Fig. 2. *Gangamopteris cyclopteroides* var. *attenuata* Feistm. — Vorkommen und Horizont wie bei der vorigen Art. Beide Zeichnungen sind in natürl. Grösse nach Gypsabdrücken der Originale verfertiget, die mir Herr R. Zeiller in der bereitwilligsten Weise zukommen liess.

Fig. 3. *Glossopteris retifera* Feistm. — Ein Blatt in natürl. Grösse. Von Bloemkop; Beaufort-Schichten. (Am Original finden sich zwei Bezeichnungen: „? Dictyopteris simplex Tate" — und eine ältere: „Rubidgea Kayi" — keine von beiden ist richtig.)

Fig. 4. *Glossopteris Browniana* Brgt. — Neuzeichnung von Tate's (l. c.) Original, Pl. VI. f. 7a. Aus Natal. Nat. Grösse. (Wohl Beaufortschichten.)

Fig. 5. *Glossopteris angustifolia* Brgt. — Natürl. Grösse. — Vorkommen wie bei der vorigen.

Fig. 6. *Glossopteris stricta* Bunb. — Natürl. Grösse. — Von Bloemkop; Beaufort-Schichten.

6a. Ein Blatttheil vergrössert.

Fig. 7. *Glossopteris damudica* var. *stenoneura* var. n. Natürl. Grösse. Von Bloemkop; Beaufortschichten. — (Das Original ist folgendermassen bezeichnet: "?? R. Mackayi see Tate Qu. J. G. S. vol. XXIII. 1867. — The figure on the plate was taken from a drawing made of a specimen in Afrika. See letter in 41 ll.".)

7a. Ein Blatttheil vergrössert.

Fig. 8. *Glossopteris Tatei* n. sp. — Reproduktion von Tate's Figur (l. c. Pl. VI. f. 6), die er als *Dictyopteris* (?) *simplex* bezeichnete. Nat. Grösse. Von Bloemkop; Beaufort-Schichten.

Tafel II.